Sewing Pattern Book III

Skirt & Pants
스커트 & 팬츠 기본 패턴집

노기 요코 지음 ┃ 남궁가윤 옮김

한스미디어

Contents

Skirt

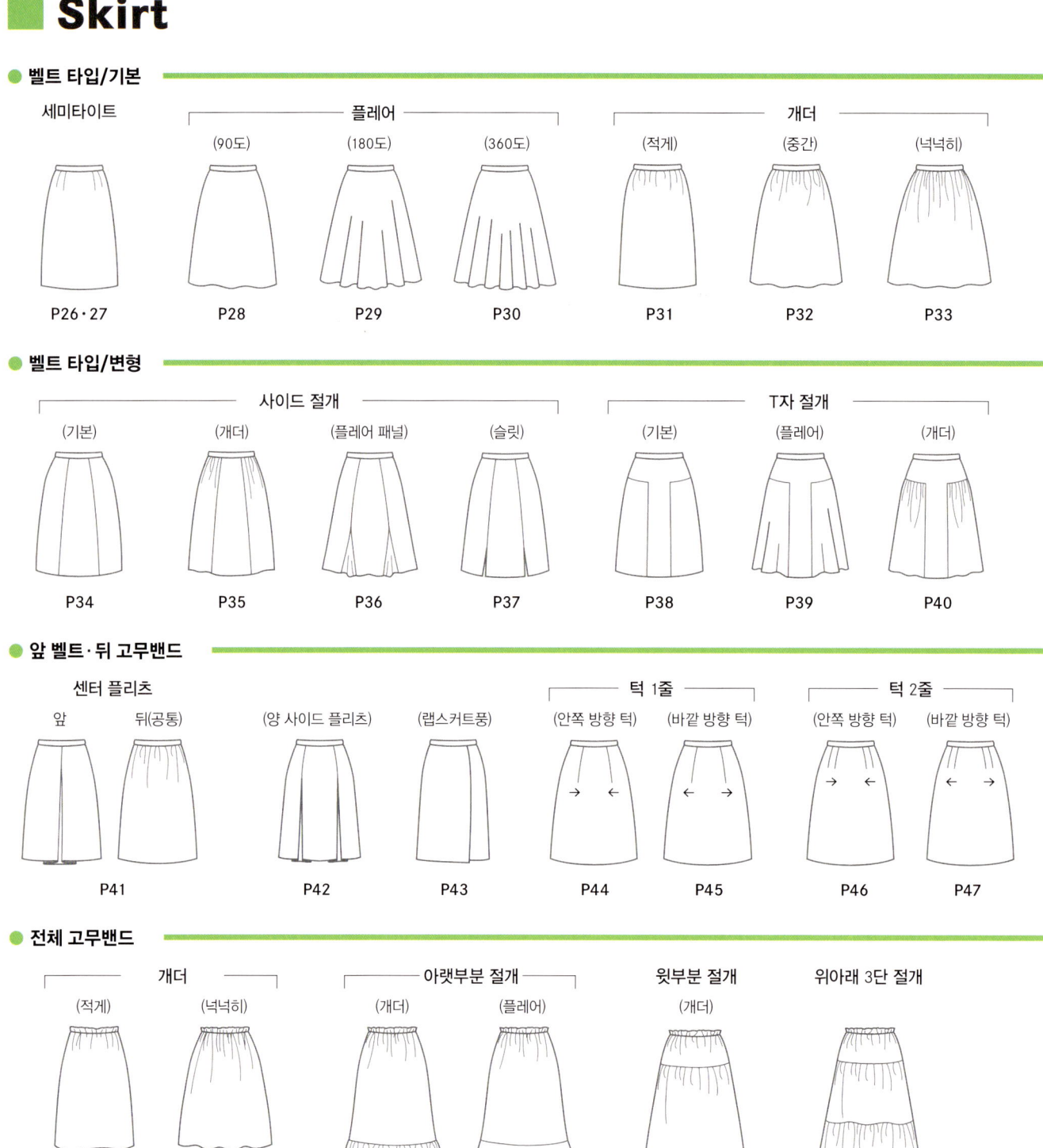

Pants

● 벨트 타입

스트레이트	슬림	와이드	플레어	스트레이트·턱 2줄		와이드·턱 1줄
				(안쪽 방향 턱)	(바깥 방향 턱)	(안쪽 방향 깊은 턱)

  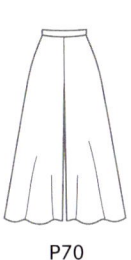 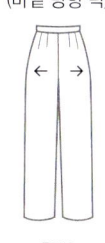 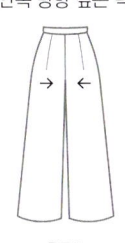

| P66·67 | P68 | P69 | P70 | P72 | P73 | P71 |

● 앞 벨트·뒤 고무밴드

스트레이트		슬림	와이드	플레어	스트레이트·턱 2줄		와이드·턱 1줄
앞	뒤				(안쪽 방향 턱)	(바깥 방향 턱)	(안쪽 방향 깊은 턱)

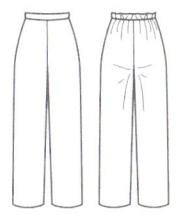  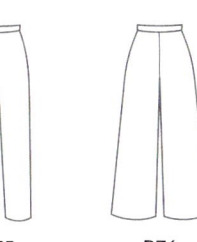 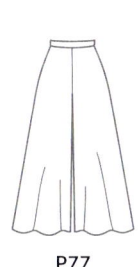 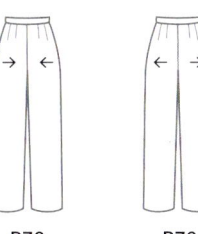 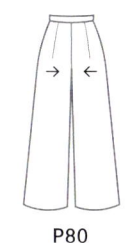

| P74 | P75 | P76 | P77 | P78 | P79 | P80 |

● 전체 고무밴드

스트레이트	와이드	플레어

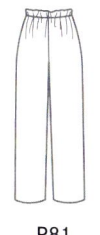 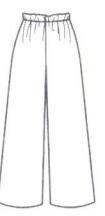 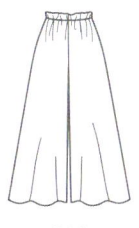

| P81 | P82 | P83 |

이 책의 사용법

디자인 종류
소개하는 종류마다 디자인의 이름을 표시합니다.

해설
패턴의 특징과 만드는 법을 설명합니다.

Pattern

실물 크기 패턴을 축소한 것으로 해당 부분의 사용법을 보여줍니다.
- 【 】안의 알파벳은 실물 크기 패턴이 실린 면, 그 뒤의 내용은 해당 부분 이름입니다.
- 회색으로 표시한 부분 … 실물 크기 패턴은 선이 여러 개 겹쳐 있어서, 페이지 안에서는 알아보기 쉽도록 사용하는 부분을 회색으로 구분했습니다. 단독으로 사용하는 부분에는 색이 없습니다.
- 기본적으로 안쪽 선이 완성선(패턴에서 표시한 선), 바깥쪽 선이 시접선입니다.
- 시접 폭, 접착심, 식서 방향은 기준이 되는 표시입니다. 디자인이나 만드는 법에 따라서 달라지므로 참고하세요.
- 직선으로만 된 부분이고 치수가 적혀 있는 것은 기본적으로 패턴이 없습니다.

이미지 사진
샘플 작품은 원단 질감에 따른 오차가 생기지 않도록 모두 얇은 시팅으로 만들었습니다. 앞모습, 오른쪽 옆모습, 뒷모습을 필요에 따라 보여줍니다.

인덱스
스커트와 팬츠를 색으로 구분하고, 해당 부분의 분류를 표시했습니다.

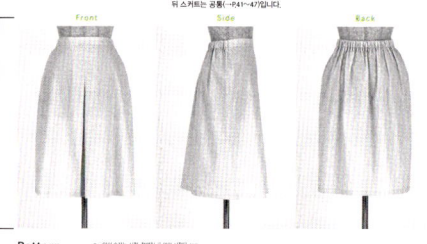

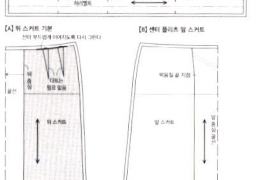

one point
만드는 법의 부분 설명, 변형 방법 등을 일부 소개했습니다.

패턴 옮겨 그리는 법

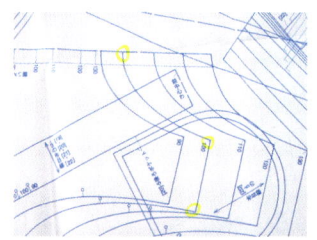

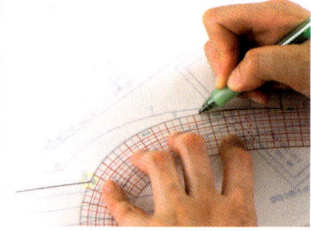

1 실물 크기 패턴에서 만들고 싶은 디자인과 사이즈를 고르고 알아보기 쉽도록 모서리 등의 포인트를 형광펜 등으로 표시합니다.

2 실물 크기 패턴 위에 패턴지를 겹치고, 움직이지 않도록 문진으로 누릅니다. 방안자를 이용해 패턴의 선을 옮겨 그립니다.

3 곡선 부분은 직선자의 각도를 조금씩 바꿔가며 그리거나 곡선자에서 곡선 각도가 맞는 부분에 맞춰서 그립니다.

4 식서 방향이나 맞춤점도 옮겨 그리고 해당 부분 이름을 적습니다.

치수 재기

이 책에서는 아래 사이즈표를 기준으로 한 7~15호 패턴을 실었습니다. 각자 신체 치수를 재서 어느 사이즈가 맞는지 확인합니다.

하반신 가봉 마네킹 협력(→P.5, 21~23, 66~83)/주식회사기이야(spur 스타일 J : SPU−P·36−J)

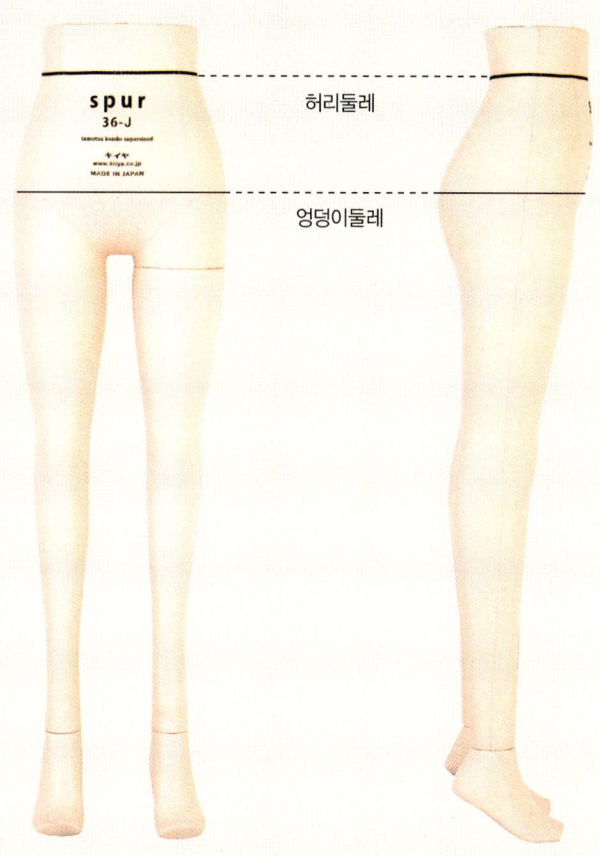

허리둘레
엉덩이둘레

사이즈표

속옷을 입은 상태에서 잰 치수(신체 치수)

사이즈(호)	허리둘레	엉덩이둘레	키
7	60	86	150~156
9	64	90	156~162
11	68	94	162~168
13	73	99	162~168
15	78	104	162~168

단위=cm

완성 사이즈

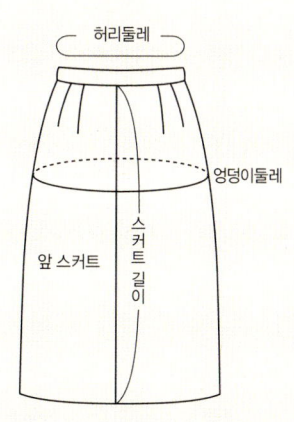

허리둘레
엉덩이둘레
앞 스커트
스커트 길이

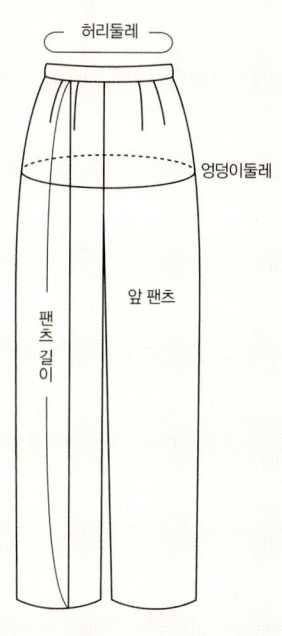

허리둘레
엉덩이둘레
팬츠 길이
앞 팬츠

각 부분의 명칭

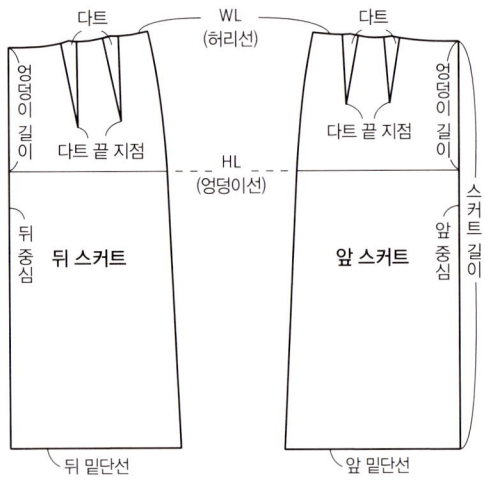

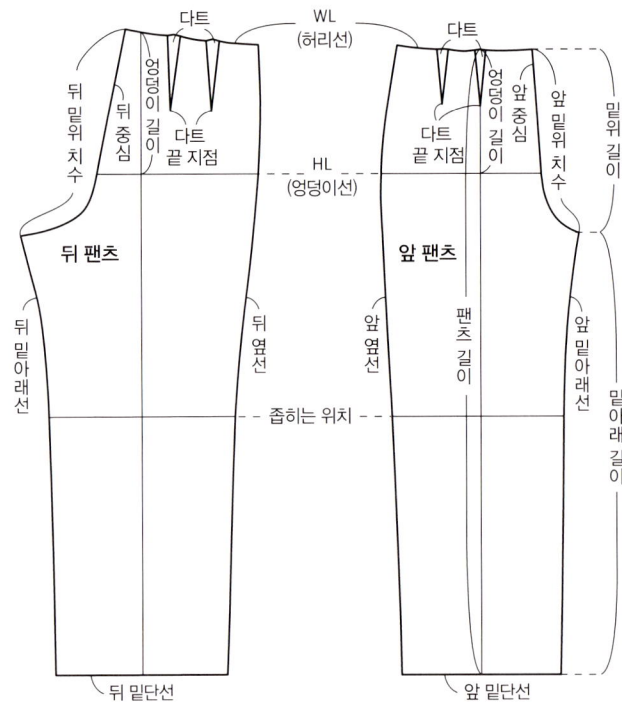

뒤 스커트
- 엉덩이 길이
- 다트
- WL (허리선)
- 다트 끝 지점
- HL (엉덩이선)
- 뒤 중심
- 뒤 밑단선

앞 스커트
- 다트
- 다트 끝 지점
- 엉덩이 길이
- 앞 중심
- 스커트 길이
- 앞 밑단선

뒤 팬츠
- 뒤 밑위 치수
- 뒤 중심
- 엉덩이 길이
- 다트
- 다트 끝 지점
- WL (허리선)
- HL (엉덩이선)
- 뒤 밑아래선
- 뒤 옆선
- 좁히는 위치
- 뒤 밑단선

앞 팬츠
- 다트
- 다트 끝 지점
- 엉덩이 길이
- 앞 중심
- 앞 밑위 치수
- 밑위 길이
- 앞 옆선
- 팬츠 길이
- 앞 밑아래선
- 밑아래 길이
- 앞 밑단선

선의 종류와 기호

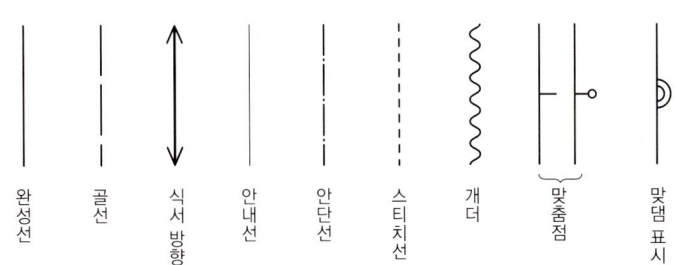

완성선 · 골선 · 식서 방향 · 안내선 · 안단선 · 스티치선 · 개더 · 맞춤점 · 맞댐 표시

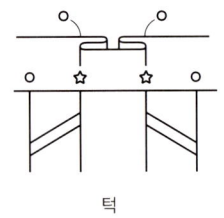

턱

다트

완성선
완성된 부분을 표시하는 선.

골선
원단을 반으로 접었을 때 접음선 부분.

식서 방향
원단의 식서와 평행인 세로 올 방향을 나타내는 기호.

안내선
접어 올리는 위치 등 보조선 역할을 한다.

안단선
안단 다는 위치를 표시하는 선.

스티치선
겉에 보이는 스티치를 표시하는 선.

개더
주름을 잡아서 줄이는 장소를 나타내는 기호.

맞춤점
따로 떨어진 부분을 이을 때 어긋나지 않도록 하기 위한 기호.

맞댐 표시
떨어진 부분끼리 맞대라는 기호.

턱
사선의 높은 쪽에서 낮은 쪽을 향해 접는다.

다트
선 2개를 겹쳐서 박으라는 기호.

원단

원단 선택은 실루엣이나 디자인을 결정하는 데 아주 중요합니다. 원단의 종류와 특징을 잘 이해해 작품을 이미지대로 만들어봅시다.

원단 명칭

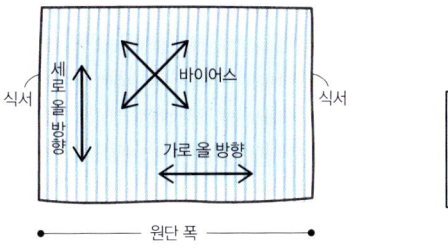
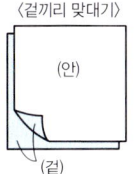
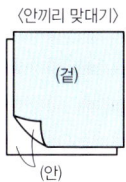

원단 준비

【선세탁】

세탁했을 때 줄어드는 원단은 재단하기 전에 물에 담가서 미리 수축시킵니다. 단, 물에 담그면 색이 빠지거나 감촉이 변하는 소재, 화학섬유, 실크는 선세탁을 하지 않습니다.

● **면(코튼)·마(리넨)**

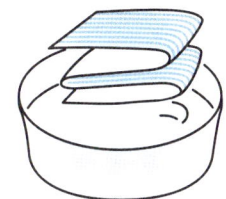
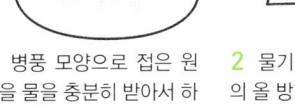
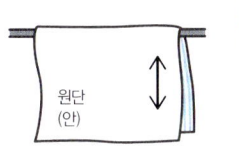
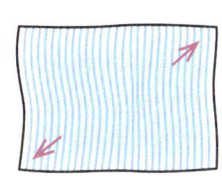
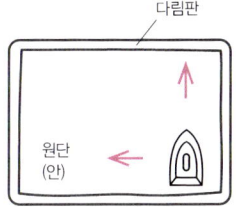

1 병풍 모양으로 접은 원단을 물을 충분히 받아서 하룻밤 담가둡니다.

2 물기를 살짝 짜고 원단의 올 방향을 정리해 그늘에서 말립니다.

3 완전히 마르기 전에 올 방향이 직각이 되도록 당겨서 정리합니다.

4 축축한 상태에서 올 방향을 따라 원단 안쪽에서 다립니다.

● **화학섬유**

선세탁과 올 바로잡기를 할 필요가 없습니다. 주름이 신경 쓰이면 낮은 온도로 다려서 주름을 살짝 펴둡니다.

● **견(실크)**

선세탁은 하지 않고 낮은 온도로 다려서 올 방향을 정리합니다.

● **울**

원단 전체에 물을 분무해 습기를 주고, 수분 증발을 막기 위해 큰 비닐봉지에 넣어 하룻밤 놔둡니다. 원단을 비닐봉지에서 꺼낸 다음 원단 안쪽에서 낮은 온도로 다려서 올 방향을 정리합니다. 감촉이 나빠지지 않도록 천을 덧대거나 다리미를 원단에서 조금 띄우는 식으로 조정하며 다립니다.

원단 종류 ※샘플 원단 크기는 10cm×10cm

리넨·면마 리넨

천연 소재이며 자연스럽게 길들어서 느낌이 좋아진다. 턱, 개더, 플레어 등 어떤 디자인에도 적합하고 만들기도 쉽지만, 주름이 조금 잘 생긴다.

※중앙·오른쪽 : 소재 제공/기요하라주식회사(면마 헤링본/KOF-39)

면 론

살짝 비치는 얇은 평직 원단으로 다루기 쉽다. 실크 같은 광택과 매끄러운 느낌이 있다. 플레어나 개더가 있는 하의에 적합하다.

20페이지에서 사용

얇은 데님, 소프트 치노클로스

캐주얼 하의의 대표적인 소재. 면 100%. 얇고 덜 뻣뻣해서 바느질과 다루기 쉬워서 초보자에게 추천. 왼쪽부터 얇은 데님, 소프트 치노클로스.

가쓰라기, 두꺼운 데님

사선으로 골이 진 것이 특징인 능직물. 두껍고 튼튼해서 개더에는 적합하지 않다. 두께에 맞는 바늘과 실을 써야 한다. 왼쪽부터 가쓰라기, 두꺼운 데님.

폴리에스테르 데님

화학섬유로 짠 데님. 천연 소재와 달리 주름이 잘 지지 않는다. 중간 두께지만 부드러워서 바느질하기 좋다. 흡습성이 낮아서 땀을 흡수하지 않으므로 쉽게 더워지는 소재다.

자카드 꽃무늬

자카드 직조기로 짠 무늬 직물. 원단의 표정이 풍부하고 대담한 무늬가 많아서 얼굴 주위에 사용하기에는 부담스럽지만, 하의라면 무늬를 효과적으로 살릴 수 있다. 힘 있는 실루엣이나 턱에도 적합하다.

자카드 무염색

자카드 직조기로 짠 얇은 두께~중간 두께의 무늬 직물. 살짝 힘이 있어서 주름을 잡았을 때 볼륨이 쉽게 생긴다. 광택 있는 종류는 우아한 느낌이 난다.

울

비교적 얇은 울이 다루기 쉽다. 직조 방식이나 색상도 다양하다. 왼쪽은 체크무늬라서 무늬 맞추기가 필요하다. 중앙은 스트레치 울이고 오른쪽은 헤링본 울.

실크

견(실크)은 천연 소재 중 동물성 섬유의 하나로 흡방습성, 보온성이 우수하다. 아름다운 드레이프를 살린 옷에 적합하다.

18페이지에서 사용

트위드
굵은 양모사로 거칠게 짠 두꺼운 원단. 가장자리 올이 잘 풀리므로 시접에 신축성 있는 접착테이프를 붙이면 고정하기 쉽다. 고급스럽고 우아한 옷에 최적이다.

코듀로이(가는 골)
면 소재이며 세로로 골이 진 것이 특징인 파일 직물 중 하나. 얇고 골이 가늘며 촉감이 부드럽다. 보습성 또한 뛰어나다. 재단은 짧은 털의 결이 위를 향하게 하고 한 방향으로 맞춘 다음 한다.
※소재 제공/기요하라주식회사(가는 골 코듀로이/KOF-14)

코듀로이(중간 골)
면 소재이며 세로로 골이 진 것이 특징인 파일 직물 중 하나. 두께가 적당하고 촉감이 좋은 중간 골 코듀로이. 재단은 짧은 털의 결이 위를 향하게 하고 한 방향으로 맞춘 다음 한다.
※소재 제공/기요하라주식회사(중간 골 코듀로이/KOF-25)

22페이지에서 사용

19페이지에서 사용
21페이지에서 사용

체크
무늬 맞추기가 필요한 체크무늬 원단. 왼쪽은 스트레치 기모 울로 움직이기 편해서 착용감이 좋다. 오른쪽은 면 100% 글렌체크.

프린트
얇고 부드러운 프린트 소재. 유연성과 매끄러움을 함께 갖춰서, 착용했을 때의 드레이프와 차분한 느낌이 아름답다. 왼쪽은 폴리에스테르 트윌로 드라이 터치 촉감. 중앙은 폴리에스테르 드 신으로 부드럽게 떨어지는 듯한 느낌이 있다. 오른쪽은 론 같은 얇은 울.

24페이지에서 사용

안감(폴리에스테르, 면+큐프라)
주로 안감으로 사용하는 소재. 부드러우면서도 힘이 있고 매끄럽다. 오른쪽의 면+큐프라는 왼쪽의 폴리에스테르에 비해 다루기 쉬우므로 초보자에게도 적합하다. 겉감과 따로 놀지 않는지 미리 확인하는 것이 좋다.

안감(큐프라)
주로 안감용 소재로 쓰이며 폴리에스테르보다 부드럽게 떨어지는 느낌이 있다. 흡습성이 높아서 정전기가 잘 일어나지 않는다. 무늬 있는 원단도 많으니 안감이 보이는 곳에 사용하면 효과적이다.

도구

패턴을 만들고 원단을 재단해 봉제해서 작품을 완성하려면 여러 도구가 필요합니다.
처음부터 도구를 다 갖출 필요는 없지만, 편리한 도구를 잘 사용하면 옷 만들기가 한층 편해집니다.

도구 제공/★=클로버주식회사

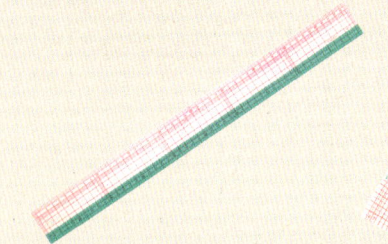

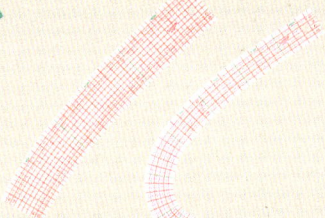

방안자★
길이 50cm에 모눈(방안)이 인쇄된 투명한 자가 편리합니다. 치수를 재거나 패턴을 옮겨 그릴 때 사용합니다.

곡선자★
제도하거나 패턴을 옮길 때 곡선 부분을 그리는 데 사용합니다.

패턴지★
밑에 있는 내용이 비쳐 보이는 얇고 튼튼한 종이. 제도나 패턴 만들기에 사용합니다.

문진★
패턴이 어긋나지 않도록 고정하기 위한 누름돌.

초크 펜슬★
원단에 표시할 때 쓰는 펜슬. 빨면 지워지는 수용성 타입이 편리합니다.

원단용 먹지★
원단에 표시할 때 사용합니다. 단면 타입과 양면 타입이 있고 소프트 룰렛과 함께 사용합니다.

소프트 룰렛★
원단용 먹지와 함께 사용합니다. 끝이 뭉툭한 톱니바퀴가 달려 있습니다.

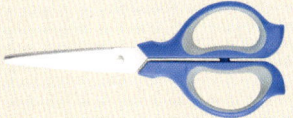

재단 가위★
원단을 자르는 가위. 원단 이외의 것을 자르면 날이 잘 들지 않게 되니 원단 전용 가위를 준비합니다.

종이 가위
패턴 등 종이와 원단 외의 고무밴드나 끈 등을 자를 때 사용합니다.

쪽가위★
실을 자르는 가위. 세밀한 부분을 자를 때도 사용합니다.

다리미
올 바로잡기, 주름 펴기, 모양 정리, 접기, 가르기 등 양재에 꼭 필요한 도구입니다. 과정이 한 단계 끝날 때마다 다려서 모양을 정리하면 완성했을 때 확실히 차이가 납니다.

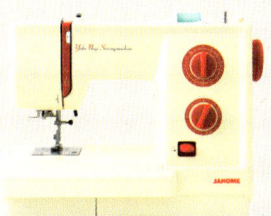

재봉틀
가정용 재봉틀. 직선 박기 외에 원단 가장자리를 처리할 수 있는 지그재그 스티치나 버튼홀 스티치 기능이 있는 재봉틀이 좋습니다.

핀 쿠션*
사용 중인 시침핀이나 바늘을 꽂아두는 도구.

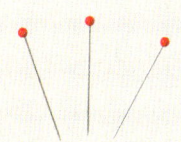

시침핀*
원단끼리 임시 고정할 때 사용합니다. 유리로 된 핀 머리는 열에 강하므로 시침핀을 꽂은 채로 다림질을 해도 안심입니다.

시침 클립*
두꺼운 원단이나 구멍을 내고 싶지 않은 소재를 임시 고정할 때 사용합니다.

송곳*
재봉할 때 원단을 앞으로 보내거나 모서리를 정리할 때 사용합니다.

실뜯개*
바늘땀을 뜯거나 단춧구멍을 뚫을 때 사용합니다.

고무줄 끼우개*
고무밴드나 끈을 끼울 때 끝을 집어서 고정한 상태에서 끼우는 도구.

재봉틀 바늘과 실

재봉틀 바늘과 봉제실은 사용할 원단에 적합한 것을 골라야 바늘땀이 깔끔하게 나옵니다. 바늘 호수는 숫자가 클수록 바늘이 굵어지고 작을수록 가늘어집니다. 실의 번수(굵기)는 숫자가 클수록 실이 가늘어지고 작을수록 굵어집니다. 원단의 두께와 소재에 따라 구분해 사용합니다.

원단 종류(기준)	재봉틀 바늘	봉제실
얇은 원단 (면 론, 보일 등)	9~11호	90번
중간 두께 원단 (코튼, 리넨, 나일론, 얇은 데님, 얇은 울 등)	11~14호	60번
두꺼운 원단 (데님, 울, 트위드 등)	14~16호	60~30번

실 색깔 맞추기

기본적으로는 바늘땀이 눈에 띄지 않도록 원단과 실의 색깔을 맞추지만, 절대적인 것은 아닙니다. 스티치를 살리고 싶을 때는 일부러 눈에 띄는 색이나 굵은 실로 바꿔서 포인트 효과를 줘도 OK입니다.

연한 색 원단
원단 위에 견본 실을 겹쳐보고 가장 가까운 색을 고릅니다. 딱 맞는 색이 없을 때는 조금 연한 색을 고르면 바늘땀이 눈에 띄지 않습니다.

진한 색 원단
원단 위에 견본 실을 겹쳐보고 가장 가까운 색을 고릅니다. 딱 맞는 색이 없을 때는 조금 진한 색을 고르면 바늘땀이 눈에 띄지 않습니다.

무늬 있는 원단
무늬에 가장 많이 사용된 색을 고르면 무늬와 어울려서 바늘땀이 눈에 띄지 않습니다.

시접

시접을 두는 방법은 만드는 법이나 사용하는 소재에 따라 달라집니다.
올이 풀리기 쉬운 원단이나 두께가 있는 소재는 시접을 조금 넉넉하게 두고, 곡선이 급한 부분은 줄이는 식으로 조절합니다.
염려스럽거나 단 길이를 조정하고 싶을 때는 일단 시접을 넉넉하게 두고 나중에 남는 부분을 잘라도 괜찮습니다.

기준이 되는 시접 폭

한 번 접어박기로 처리하는 밑단 등	2~5cm
두 번 접어박기로 처리하는 밑단 등	2~6cm
그 외(허리둘레, 옆선, 밑위, 밑아래, 절개선 등)	1~1.5cm

시접 넣는 법

● 접어 올리는 모서리 시접(예 : 팬츠 밑단)

한 번 접기   **두 번 접기**

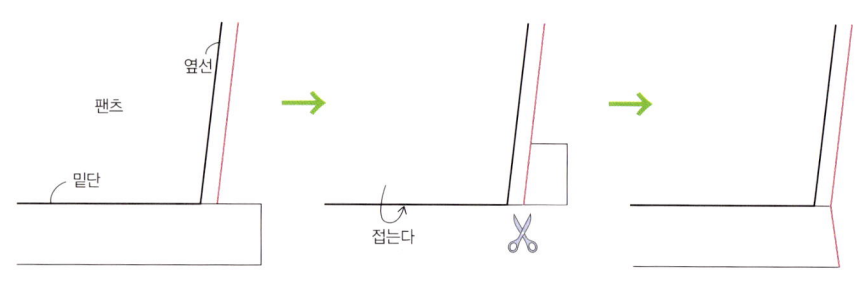

1 밑단의 완성선을 연장하고 모서리 주위를 넉넉하게 남겨서 패턴을 자릅니다.

2 완성선에서 접어 올리고, 밑아래(또는 옆선) 시접선을 따라서 남는 부분을 자릅니다.

3 필요한 만큼 시접을 넣었습니다.

한 번 접기와 같은 방법으로 하는데 시접을 두 번 접은 뒤에 남는 부분을 자릅니다.

● 다트 ※턱도 같다.

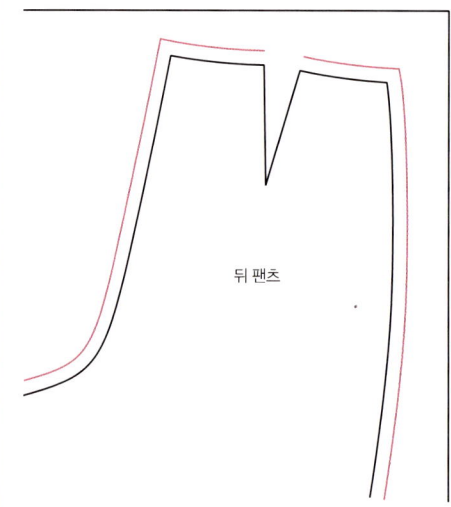
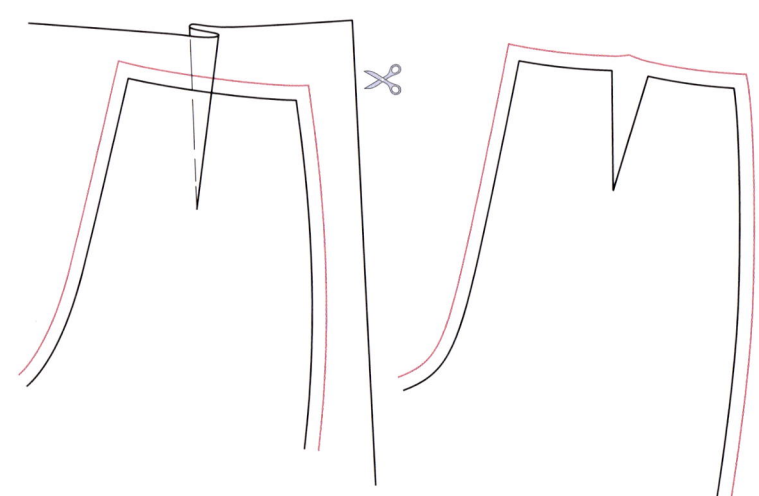

1 다트 부분을 남기고 시접선을 그립니다.

2 다트를 접고 시접선을 자릅니다.
※다트를 넘기는 방향에 주의하세요.

3 필요한 만큼 시접을 넣었습니다.

시접 처리

시접 처리 방법은 여러 가지입니다. 소재나 만드는 법, 디자인에 따라 골라서 사용합니다.

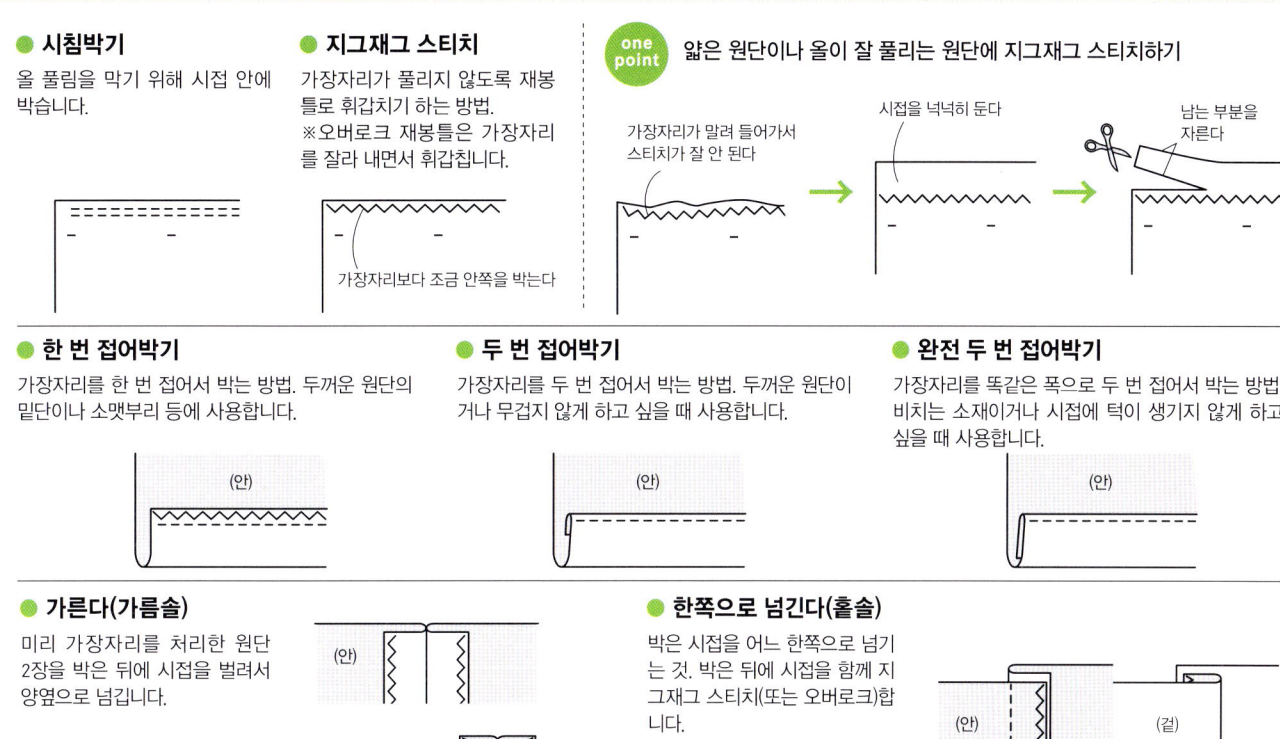

● 시침박기

올 풀림을 막기 위해 시접 안에 박습니다.

● 지그재그 스티치

가장자리가 풀리지 않도록 재봉틀로 휘갑치기 하는 방법.
※오버로크 재봉틀은 가장자리를 잘라 내면서 휘갑칩니다.

가장자리보다 조금 안쪽을 박는다

one point 얇은 원단이나 올이 잘 풀리는 원단에 지그재그 스티치하기

가장자리가 말려 들어가서 스티치가 잘 안 된다

시접을 넉넉히 둔다

남는 부분을 자른다

● 한 번 접어박기

가장자리를 한 번 접어서 박는 방법. 두꺼운 원단의 밑단이나 소맷부리 등에 사용합니다.

(안)

● 두 번 접어박기

가장자리를 두 번 접어서 박는 방법. 두꺼운 원단이거나 무겁지 않게 하고 싶을 때 사용합니다.

(안)

● 완전 두 번 접어박기

가장자리를 똑같은 폭으로 두 번 접어서 박는 방법. 비치는 소재이거나 시접에 턱이 생기지 않게 하고 싶을 때 사용합니다.

(안)

● 가른다(가름솔)

미리 가장자리를 처리한 원단 2장을 박은 뒤에 시접을 벌려서 양옆으로 넘깁니다.

(안)

(겉)

● 한쪽으로 넘긴다(홑솔)

박은 시접을 어느 한쪽으로 넘기는 것. 박은 뒤에 시접을 함께 지그재그 스티치(또는 오버로크)합니다.

(안)

(겉)

● 쌈솔

솔기가 튼튼한 봉제 방법으로 셔츠나 아동복 등 세탁을 자주 하는 옷에 적합합니다. 시접이 숨겨져서 옷 안쪽도 깔끔하게 마무리할 수 있습니다.

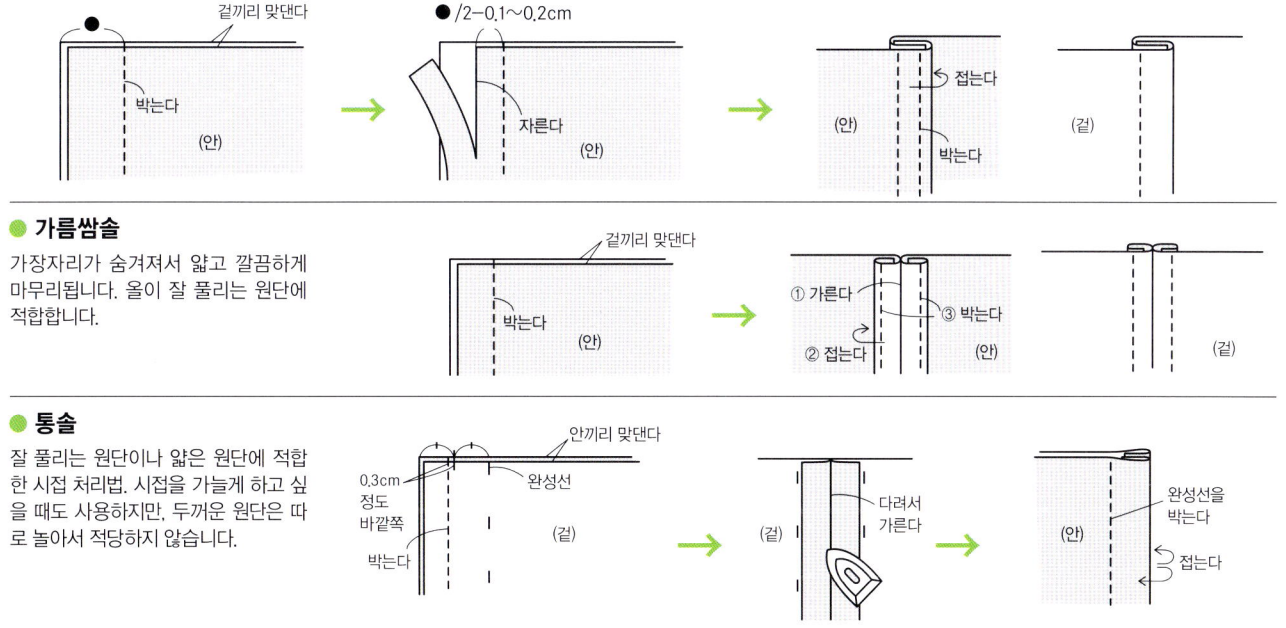

겉끼리 맞댄다

박는다

(안)

●/2−0.1〜0.2cm

자른다

(안)

접는다

(안)

박는다

(겉)

● 가름쌈솔

가장자리가 숨겨져서 얇고 깔끔하게 마무리됩니다. 올이 잘 풀리는 원단에 적합합니다.

겉끼리 맞댄다

박는다

(안)

① 가른다
③ 박는다
② 접는다

(안)

(겉)

● 통솔

잘 풀리는 원단이나 얇은 원단에 적합한 시접 처리법. 시접을 가늘게 하고 싶을 때도 사용하지만, 두꺼운 원단은 따로 놀아서 적당하지 않습니다.

안끼리 맞댄다

완성선

0.3cm 정도 바깥쪽

박는다

(겉)

(겉)

다려서 가른다

(안)

완성선을 박는다

접는다

패턴 보정하는 법

이 책에는 7~15호 사이즈 패턴을 실었지만, 사람의 체형은 각기 다릅니다.
부분적으로 늘이거나 줄이고 싶을 때 간단히 할 수 있는 보정 방법을 몇 가지 소개합니다.

길이 보정하기

● 팬츠 길이를 고친다 1

※뒤 팬츠, 스커트도 같다.

밑단선은 앞뒤 같은 치수를 원래 밑단선과 평행으로 늘입니다(줄입니다). 늘일
때는 옆선과 밑아래선(스커트는 중심선)을 연장합니다.

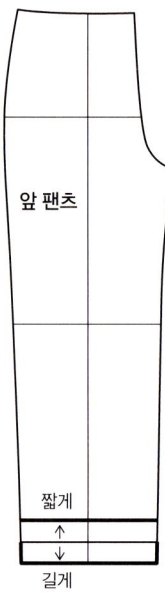

● 팬츠 길이를 고친다 2

※뒤 팬츠, 스커트도 같다.

밑단 폭을 바꾸고 싶지 않을 때 보정하는 방법. 무릎 위의 안내선(스커트는 스커
트 길이의 중간 부근에 안내선을 그린다)과 평행으로 늘이고(줄이고), 옆선과 밑아래
선(스커트는 중심선)이 각각 자연스럽게 이어지도록 다시 그립니다.

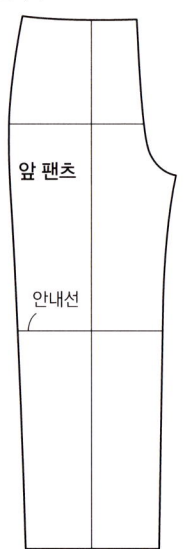

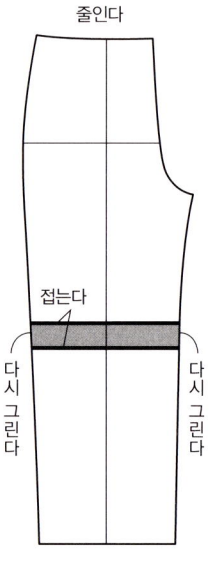

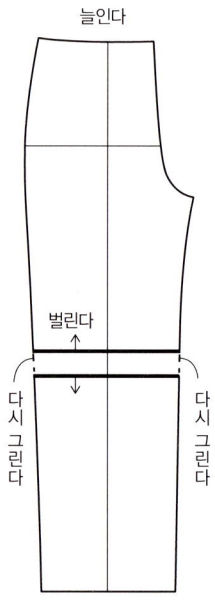

폭 보정하기

● 팬츠 폭을 고친다 1

※뒤 팬츠. 스커트도 같다.

고치고 싶은 치수의 4분의 1(★)을 앞뒤 옆선과 평행으로 늘입니다(줄입니다). 밑단 폭을 고치고 싶지 않을 때 밑단 폭의 보정 치수는 허리의 2분의 1로 합니다. 허리를 보정했으면 허리벨트 치수도 보정합니다.

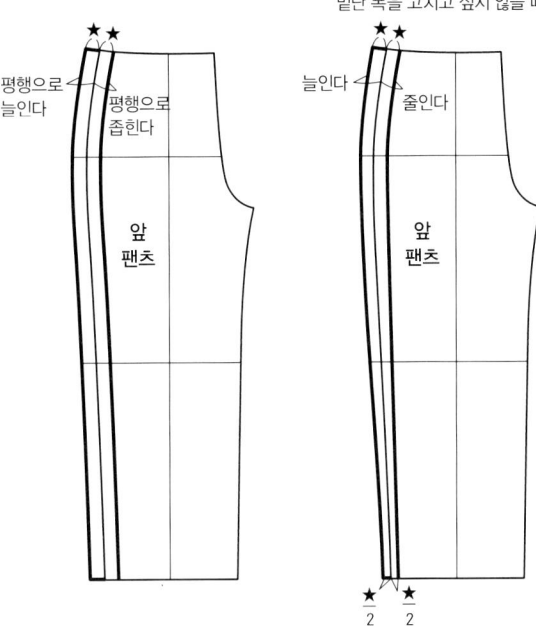

밑단 폭을 고치고 싶지 않을 때

평행으로 늘인다 ← | → 평행으로 좁힌다

늘인다 ← | → 줄인다

앞 팬츠

앞 팬츠

★ | ★
― | ―
2 | 2

● 팬츠 폭을 고친다 2

※뒤 팬츠. 스커트도 같다. ※스커트는 허리선의 중간 부근에 안내선을 그린다.

세로 안내선과 평행으로 늘인(줄인) 뒤에 허리선이 자연스럽게 이어지도록 다시 그립니다. 허리선을 보정했으면 허리벨트 치수도 보정합니다.

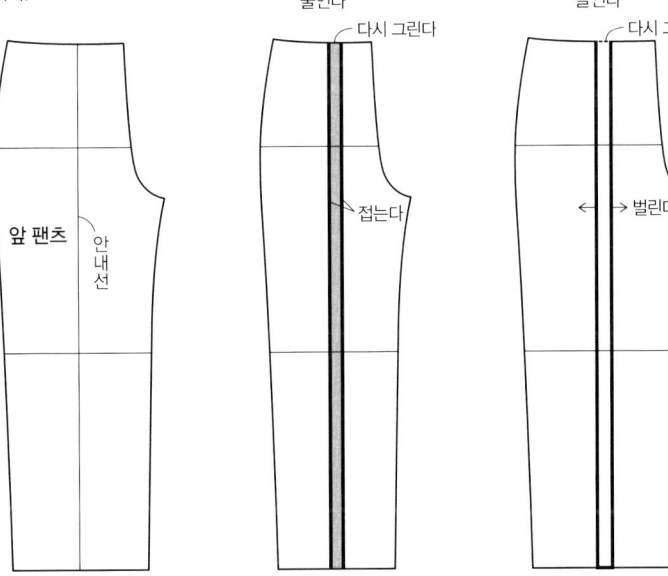

앞 팬츠   안내선

줄인다 → 다시 그린다

↑ 접는다

늘인다 → 다시 그린다

← → 벌린다

길이와 폭 보정하기

● 팬츠 길이와 폭을 고친다

※뒤 팬츠, 스커트도 같다. ※스커트의 안내선은 허리선과 스커트 길이의 각각 중간 부근에 그린다.

무릎 위 안내선과 세로 안내선을 그립니다. 각 안내선과 평행으로 길이를 늘이고(줄이고) 선이 자연스럽게 이어지도록 다시 그립니다.
허리선을 보정했으면 허리벨트 치수도 보정합니다.

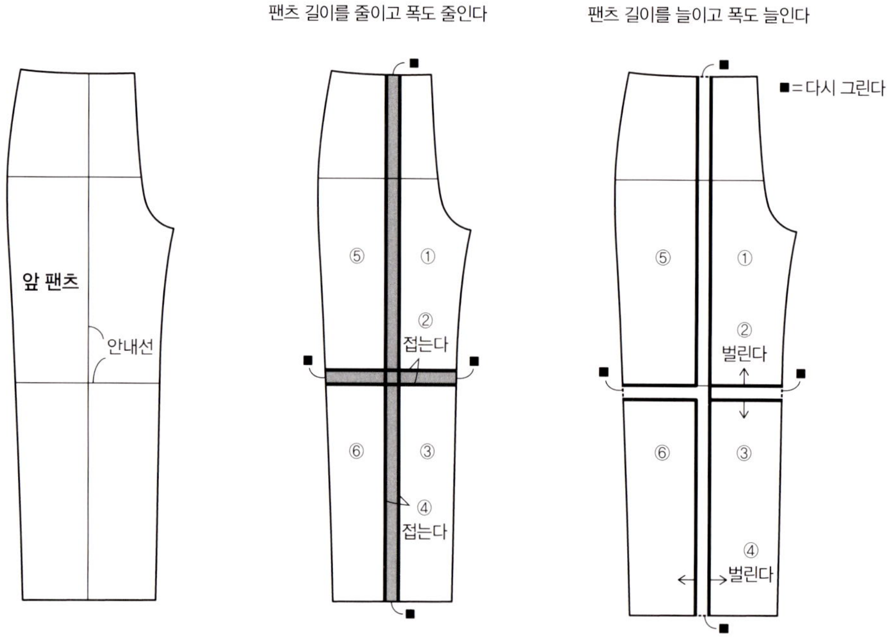

팬츠 길이를 줄이고 폭도 줄인다　　팬츠 길이를 늘이고 폭도 늘인다

■ =다시 그린다

앞 팬츠

안내선

⑤　① ②　접는다 ⑥　③ ④　접는다

⑤　① ②　벌린다 ⑥　③ ④　벌린다

① 중심·허리선 쪽의 팬츠를 옮겨 그린다.
② 무릎 위 안내선과 평행으로 길이를 늘인다(줄인다).
③ 밑아래(스커트는 중심선)·밑단 쪽의 팬츠를 옮겨 그린다.
④ 세로 안내선과 평행으로 폭을 늘인다(줄인다).
⑤ 허리선·옆선 쪽의 팬츠를 옮겨 그린다.
⑥ 밑단·옆선 쪽의 팬츠를 옮겨 그린다.
⑦ 허리선, 옆선, 밑아래선, 밑단선이 자연스럽게 이어지도록 다시 그린다.

무늬 맞추기

체크무늬나 줄무늬처럼 무늬가 이어지는 원단은 재단할 때 무늬 맞추기를 합니다.
무늬가 좌우대칭을 이루고, 앞·뒤판의 무늬가 잘 이어지는 것이 중요합니다. 무늬 맞추기가 필요한 원단은 조금 넉넉히 구매하는 것이 좋습니다.

● 스커트

앞·뒤 중심에 같은 무늬가 오도록 배치합니다. 이어서 밑단선의
무늬도 맞춥니다.

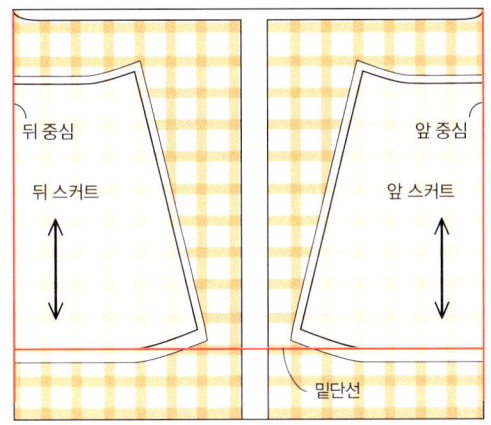

● 팬츠

앞·뒤 팬츠의 밑단선 무늬를 맞춘 뒤, 밑단선을 수직으로 2등분한 세로선에
같은 무늬가 오도록 배치합니다.

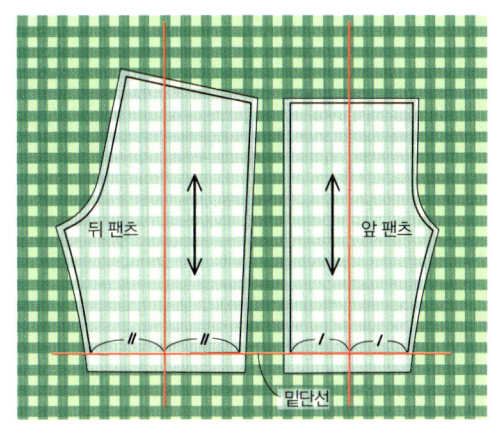

● 식서 방향의 차이에 따른 무늬 모습의 변화

줄무늬 원단을 이용해 29페이지 플레어스커트의 식서 방향을 세로 방향과 가로 방향에 맞췄을 때를 비교했습니다. 앞·뒤 중심은 '골선'으로 변경했습니다.

Front   Side

세로 방향

식서 방향을 앞·뒤 중심선에 평행으로
오게 한 경우. 앞뒤로 줄무늬가 세로로
들어가고, 옆선이 중심 쪽으로 흘러 들
어가는 것처럼 보입니다.

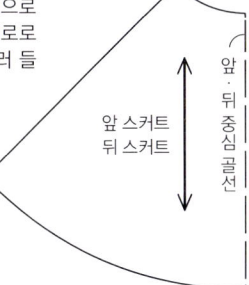

가로 방향

식서 방향을 앞·뒤 중심선에 수직으로
오게 한 경우. 앞뒤로 줄무늬가 가로로
들어가고, 선이 옆선 쪽으로 흘러가는
것처럼 보입니다.

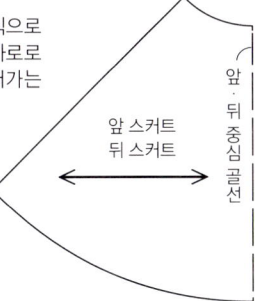

소재 제공/야마토미쇼텐(코튼 프린트 브로드클로스/D/#9)

스커트&팬츠를 만들어보자

디자인을 정했으면 마음에 드는 원단으로 스커트와 팬츠를 만들어봅시다.

위/기본적인 지퍼 트임을 넣었고 허리는 허리
벨트로 처리했습니다.

아래/뒤 스커트에 벤트를 넣어서 다리를 움직
이기에 편합니다.

Sample 1

안감 넣은 세미타이트스커트

세미타이트스커트는 타이트스커트보다 밑단에 조금 여유가 있는 디자인입니다.
안감을 넣은 표준적인 형태라서 유행에 좌우되지 않고 오래 입을 수 있는 아이템입니다.

How to make   P.88

왼쪽 옆선의 트임에는 콘실 지퍼를 달고
허리는 가는 허리벨트로 처리했습니다.

Sample 2

플레어스커트

플레어스커트(180도)(→P.29)의 스커트 길이를 15cm 늘여서 미몰레와 롱의 중간 길이 스커트로 만들었습니다.
드레이프를 잘 살릴 수 있는 원단을 추천합니다.

How to make   P.92

소재 제공/원단 도매점 YAMATOMI(프리미엄 드 신 꽃무늬/B : ho3021-1962-2)

왼쪽/파이핑 포켓에 플랩을 단 주머니. 플랩 안감
도 공들여 골랐어요.

오른쪽/솔기를 이용한 지퍼 트임도 악센트가 되어
줍니다.

Front **Back**

Sample 3

플랩 포켓 스커트

사이드 절개(기본)(→P.34) 스커트 길이를 5cm 늘인 이 스커트는 플랩을 단 주머니와 굵은 스티치가 포인트입니다.
중간 두께 원단으로 만들면 모양이 예쁘게 나옵니다.
How to make   P.94

소재 제공/기요하라주식회사(소프트 치노클로스/BE : KOF-21)

Front   Back

Sample 4

고무밴드 플레어 팬츠

플레어 팬츠는 전체 고무밴드 타입(→P.83). 착용감이 편안하면서도 드레이프가 아름답고 매력적인 디자인입니다.
줄무늬 원단의 세로선이 강조되어 날씬하게 보입니다.

How to make P.100

소재 제공/우니섬유주식회사(왈츠 트윌 대폭/A : KKP 1594-W D/#SB-83W)

왼쪽 / 뒤에만 고무밴드를 넣고 앞은 허리벨트로 깔
끔하게 처리했습니다. 양옆에 주머니를 달았습니다.

오른쪽 / 옆선 밑단에 솔기를 이용한 슬릿을 넣었습
니다.

Sample 5

슬릿 넣은 슬림 팬츠

슬림 팬츠(→P.75)를 9부 길이로 변형했습니다. 폭이 좁은 실루엣과 잘 어울리는 팬츠 길이입니다.
체크무늬의 무늬 맞추기가 완성도를 결정합니다.

How to make   P.102

소재 제공/요로파후쿠지노히데키(이탈리아 NALYA 기모 울 폴리에스테르 2way 스트레치 얇은 타입 빅 얼터너티브 체크/gr : w15910gr)

앞은 지퍼 트임으로 처리하고, 단추는 안쪽에
숨겨 달아서 겉에서는 보이지 않습니다.

Front

Back

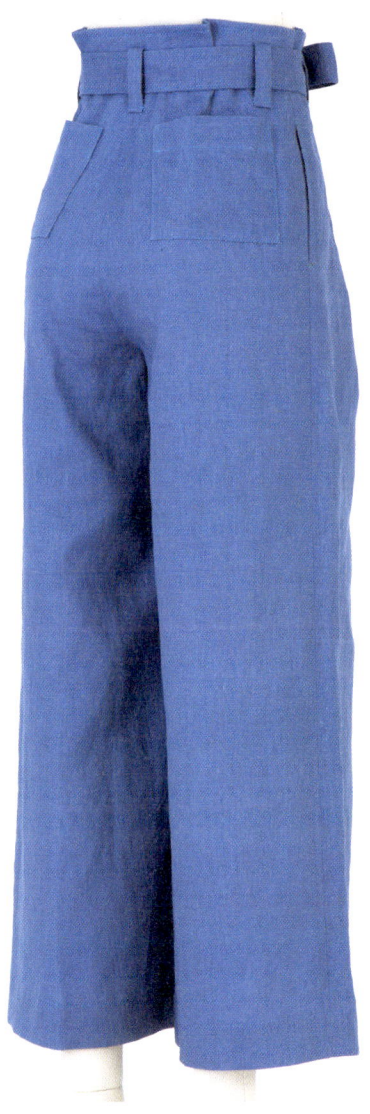

Sample 6

리본 단 와이드 팬츠

앞판은 턱 1줄 넣은 와이드 팬츠(→P.71), 뒤판은 기본 와이드 팬츠(→P.69)로 하고, 허리선을 그대로 세워서 안단으로 처리했습니다.
주머니는 양옆과 뒤까지 전부 4개이고, 산뜻한 리넨에 같은 감으로 만든 리본을 달아서 포인트를 준 디자인입니다.

How to make P.97

소재 제공/기요하라주식회사(스탠다드 리넨/FBL : KOF−01)

Sample 7

안감 스커트

안감 없는 스커트에 받쳐 입는 안감 스커트. 큐프라 같은 매끄러운 소재를 고르고 겉 스커트보다 스커트 길이를 3cm 정도 짧게 만듭니다. 여러 옷에 받쳐 입을 수 있으니 한 벌 만들어두면 편리합니다.

How to make P.91

Skirt
스커트

스커트는 허리부터 아래를 덮는 원통 모양의 옷입니다.

여기서는 허리를 벨트 타입, 앞 벨트·뒤 고무밴드 타입, 전체 고무밴드 타입,

이렇게 3가지로 디자인한 스커트를 소개합니다.

벨트 타입은 허리에 딱 맞기 때문에 입고 벗으려면 트임이 필요합니다.

앞 벨트·뒤 고무밴드 타입은 앞은 허리벨트를 달아서 딱 맞게 하고

뒤에만 고무밴드를 넣어 트임을 만들지 않고도 입고 벗을 수 있습니다.

허리둘레 전체에 고무밴드가 들어가는 전체 고무밴드 타입은 자기 취향에 맞는 사이즈로 조절할 수 있습니다.

기본 스커트 길이를 60cm로 해 기본적인 스타일부터 여성스러운 실루엣까지 다양하게 소개했으니

자신의 상상을 더해 마음껏 디자인을 즐겨보세요.

벨트 타입／기본

세미타이트

타이트스커트보다 밑단 폭이 조금 넓은 세미타이트. 허리에 다트를 넣어서 허리둘레가 몸에 딱 붙는 디자인입니다.
이 책에서는 일부를 제외하고 세미타이트를 기본 스커트(9호 : 스커트 길이 60cm)로 해 만들었습니다.
아래는 스커트 길이를 단계적으로 다르게 한 것입니다.

Front　　　　Side　　　　Back

기본·레귤러(무릎길이)
스커트 길이 60cm

미몰레(무릎 아래 길이)
스커트 길이 70cm

롱(무릎 아래 길이)
스커트 길이 80cm

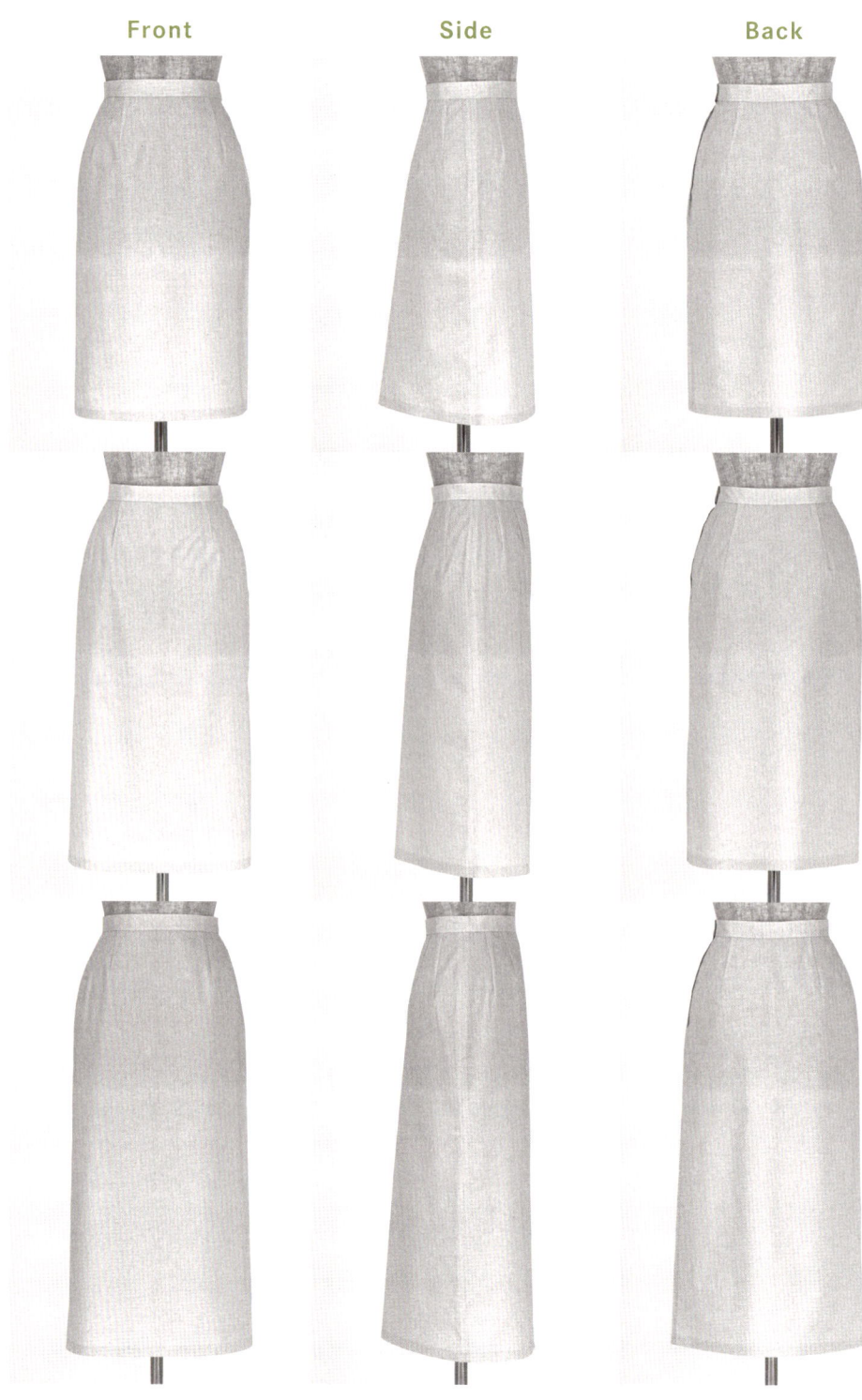

Pattern

※○안의 숫자는 시접, 정해진 곳 외의 시접은 1cm.
※▨는 접착심을 붙인다.
※허리벨트는 왼쪽 옆선 트임일 때.
※트임·슬릿 등은 적절히 넣는다.

기본·레귤러 ※미몰레·롱도 같다.

【C】〈스커트·허리벨트〉
　　벨트 타입/기본

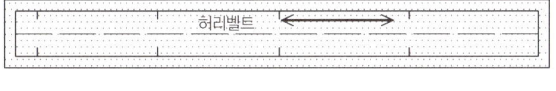

【A】 뒤 스커트 기본　　　　【A】 앞 스커트 기본

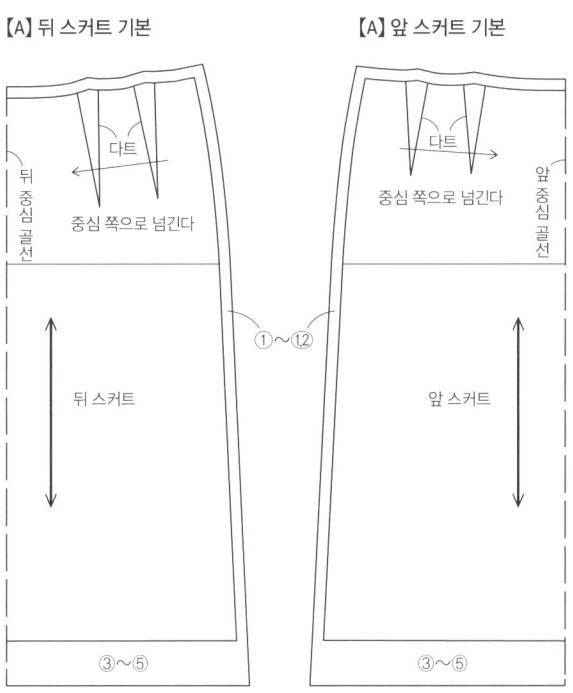

one point 스커트 길이의 차이

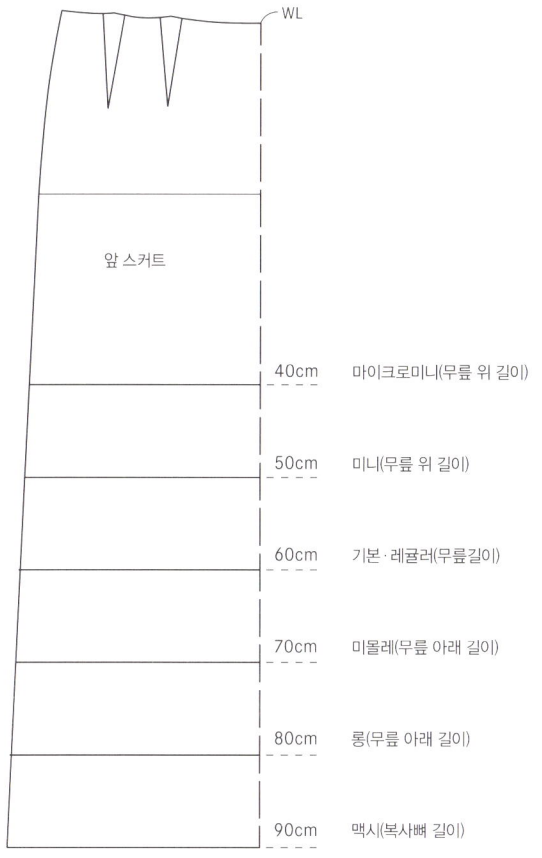

40cm	마이크로미니(무릎 위 길이)
50cm	미니(무릎 위 길이)
60cm	기본·레귤러(무릎길이)
70cm	미몰레(무릎 아래 길이)
80cm	롱(무릎 아래 길이)
90cm	맥시(복사뼈 길이)

스커트 길이를 늘이는(줄이는) 것만으로도 느낌이 달라져서 변형할 수 있는
폭도 넓어집니다. 9호 스커트 길이 60cm(레귤러)를 기본으로 해 그보다 더
늘이거나 줄인 그림입니다. 스커트 길이는 앞 중심의 WL(허리선)에서 밑단까
지의 길이입니다.

플레어(90도)

허리 치수가 원둘레의 4분의 1인 90도가 된 스커트.
보이는 실루엣은 A라인에 가깝고 살짝 플레어가 들어간 디자인입니다.

Front	Side	Back

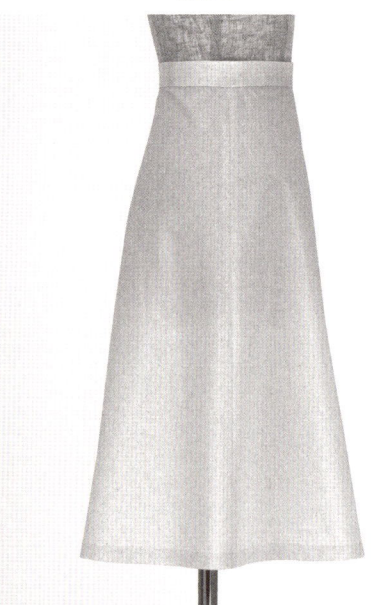

Pattern

※○안의 숫자는 시접, 정해진 곳 외의 시접은 1cm.
※ 는 접착심을 붙인다.
※ 허리벨트는 왼쪽 옆선 트임일 때.
※ 트임은 적절히 넣는다.

【C】〈스커트·허리벨트〉 벨트 타입/플레어

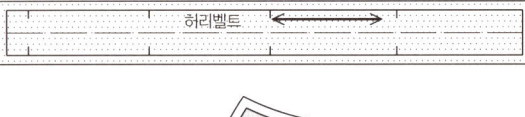

허리벨트

**【B】플레어(90도)
앞뒤 스커트**

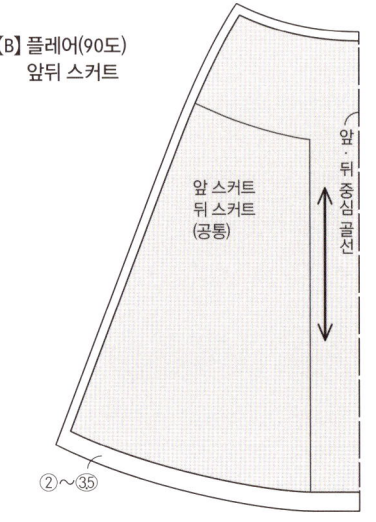

앞 스커트
뒤 스커트
(공통)

앞·뒤 중심 골선

②～㉟

---

one point 밑단 처리

한 번 접어박기 1
겉에서 스티치가 보이지
않아 우아한 디자인에 적
합하다.

(안) 감친다   (겉)

한 번 접어박기 2
스티치가 들어가면 캐
주얼하게 보인다.

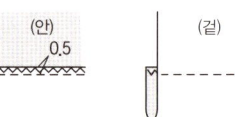

(안) 0.5   (겉)

두 번 접어박기

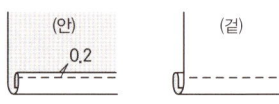

(안) 0.2   (겉)

※시접 폭은 만드는 법에 맞춰서 조정한다.

벨트 타입／기본

플레어(180도)

허리 치수가 원둘레의 2분의 1인 180도가 된 스커트.
플레어 분량이 적절해 기품 있게 보기 좋은 실루엣이 됩니다.

| Front | Side | Back |

Pattern

※ ○안의 숫자는 시접, 정해진 곳 외의 시접은 1cm.
※ ▨▨▨는 접착심을 붙인다.
※ 허리벨트는 왼쪽 옆선 트임일 때.
※ 트임은 적절히 넣는다.

【C】〈스커트 · 허리벨트〉 벨트 타입/플레어

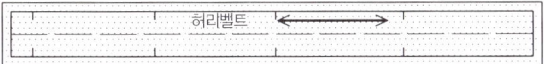

허리벨트

【A】 플레어(180도) 앞뒤 스커트

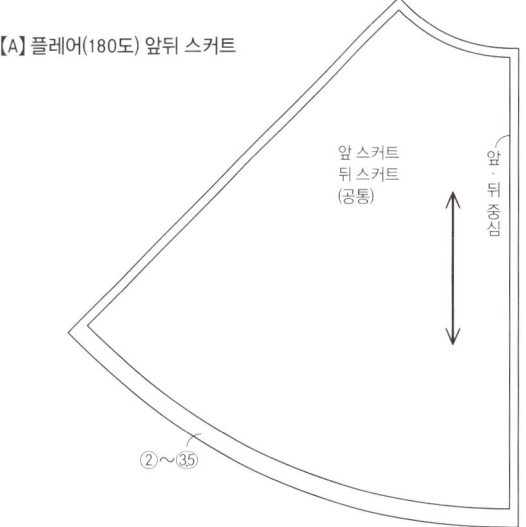

앞 스커트
뒤 스커트
(공통)

앞 · 뒤 중심

② ～ ㉟

플레어(360도)

허리 치수가 원둘레인 360도 스커트.
서큘러스커트라고도 하며, 밑단이 퍼지면 원 모양이 되고 드레이프를 충분히 즐길 수 있는 디자인입니다.

Front	Side	Back

Pattern

※ ○안의 숫자는 시접, 정해진 곳 외의 시접은 1cm.
※ ▨는 접착심을 붙인다.
※ 허리벨트는 왼쪽 옆선 트임일 때.
※ 트임은 적절히 넣는다.

【C】〈스커트·허리벨트〉 벨트 타입/플레어

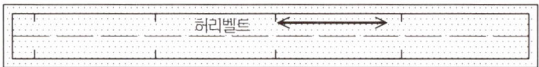

허리벨트

【C】 플레어(360도) 앞뒤 스커트

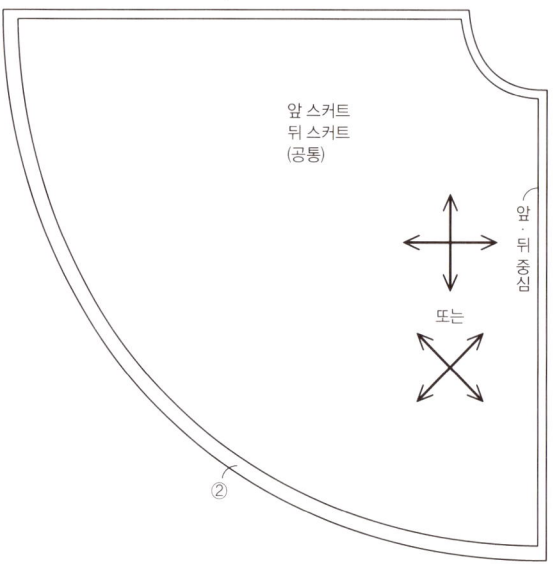

앞 스커트
뒤 스커트
(공통)

앞·뒤 중심

또는

②

벨트 타입／기본

개더(적게)

세미타이트(→P.26)에서 변형한 스커트. 다트분을 개더로 바꾸고 앞뒤 중심에 2cm씩 더했습니다.
개더 분량이 살짝 적은 듯한 느낌의 디자인입니다.

Front	Side	Back

Pattern

※○안의 숫자는 시접, 정해진 곳 외의 시접은 1cm.
※ ▨ 는 접착심을 붙인다.
※ 허리벨트는 왼쪽 옆선 트임일 때.
※ 트임은 적절히 넣는다.

【C】〈스커트·허리벨트〉 벨트 타입/기본

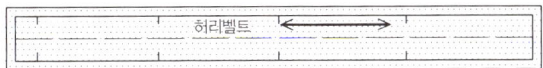

【A】뒤 스커트 기본

【A】앞 스커트 기본

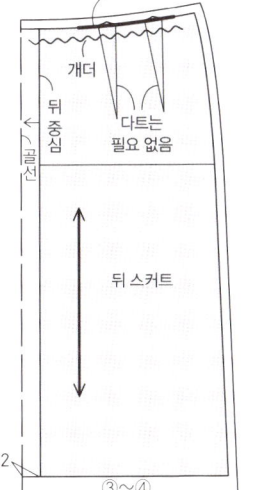

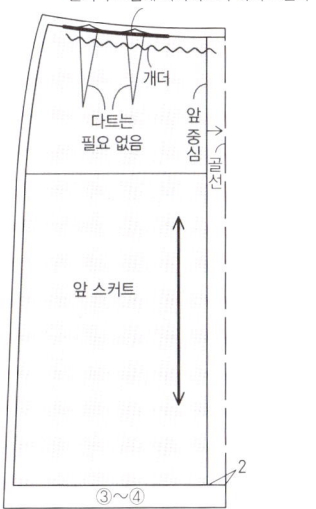

개더(중간)

세미타이트(→P.26)에서 변형한 스커트. 다트분을 개더로 바꾸고 앞뒤 중심에 14cm씩 더했습니다.
개더 분량이 적당히 들어간 디자인입니다.

Front　　　　　　　Side　　　　　　　Back

Pattern

※○안의 숫자는 시접, 정해진 곳 외의 시접은 1cm.
※▨▨는 접착심을 붙인다.
※허리벨트는 왼쪽 옆선 트임일 때.
※트임은 적절히 넣는다.

【C】〈스커트·허리벨트〉 벨트 타입/기본

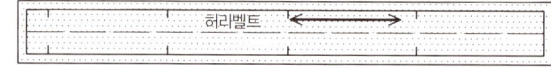

허리벨트

【A】뒤 스커트 기본　　　　　　　【A】앞 스커트 기본

선이 부드럽게 이어지도록 다시 그린다　선이 부드럽게 이어지도록 다시 그린다

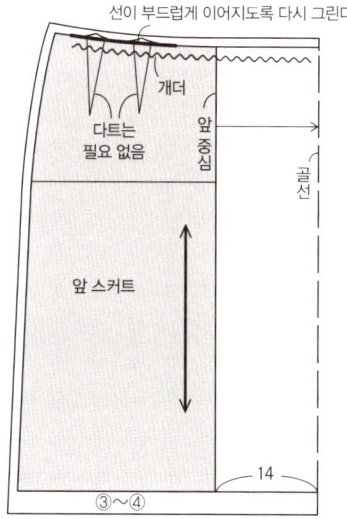

개더　뒤 중심　다트는 필요 없음　골선　뒤 스커트　14　③～④

다트는 필요 없음　개더　앞 중심　골선　앞 스커트　14　③～④

벨트 타입／기본
개더(넉넉히)

세미타이트(→P.26)에서 변형한 스커트. 다트분을 개더로 바꾸고 앞뒤 중심에 27cm씩 더했습니다.
풍성하게 들어간 개더를 즐길 수 있는 디자인입니다.

Front	Side	Back

Pattern

※ ○안의 숫자는 시접. 정해진 곳 외의 시접은 1cm.
※ ░░░는 접착심을 붙인다.
※ 허리벨트는 왼쪽 옆선 트임일 때.
※ 트임은 적절히 넣는다.

【C】〈스커트·허리벨트〉 벨트 타입/기본

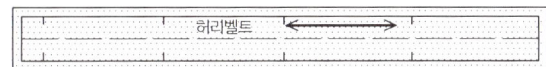

허리벨트

【A】뒤 스커트 기본

선이 부드럽게 이어지도록 다시 그린다

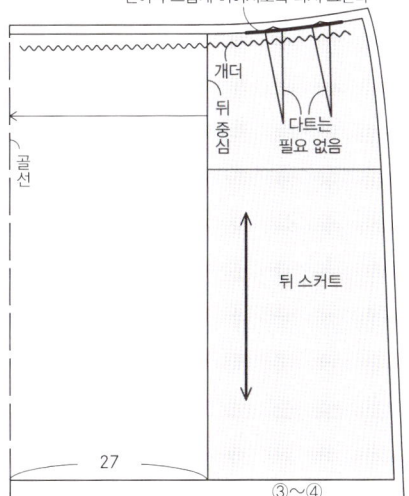

개더
뒤 중심
다트는 필요 없음
골선
뒤 스커트
27
③~④

【A】앞 스커트 기본

선이 부드럽게 이어지도록 다시 그린다

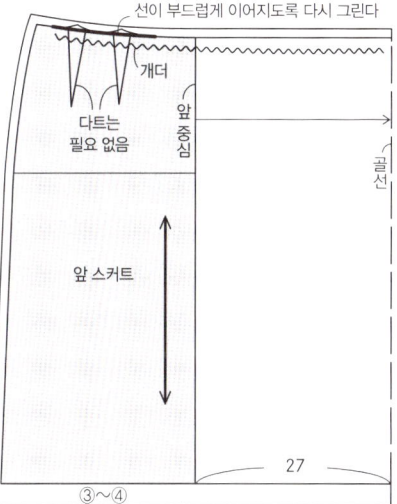

개더
앞 중심
다트는 필요 없음
골선
앞 스커트
27
③~④

사이드 절개(기본)

앞·뒤·옆 스커트 세 부분으로 구성된 스커트. 옆 스커트에는 다트가 들어갑니다.
실루엣은 플레어(90도)(→P.28)와 거의 같습니다.

Front   Side   Back

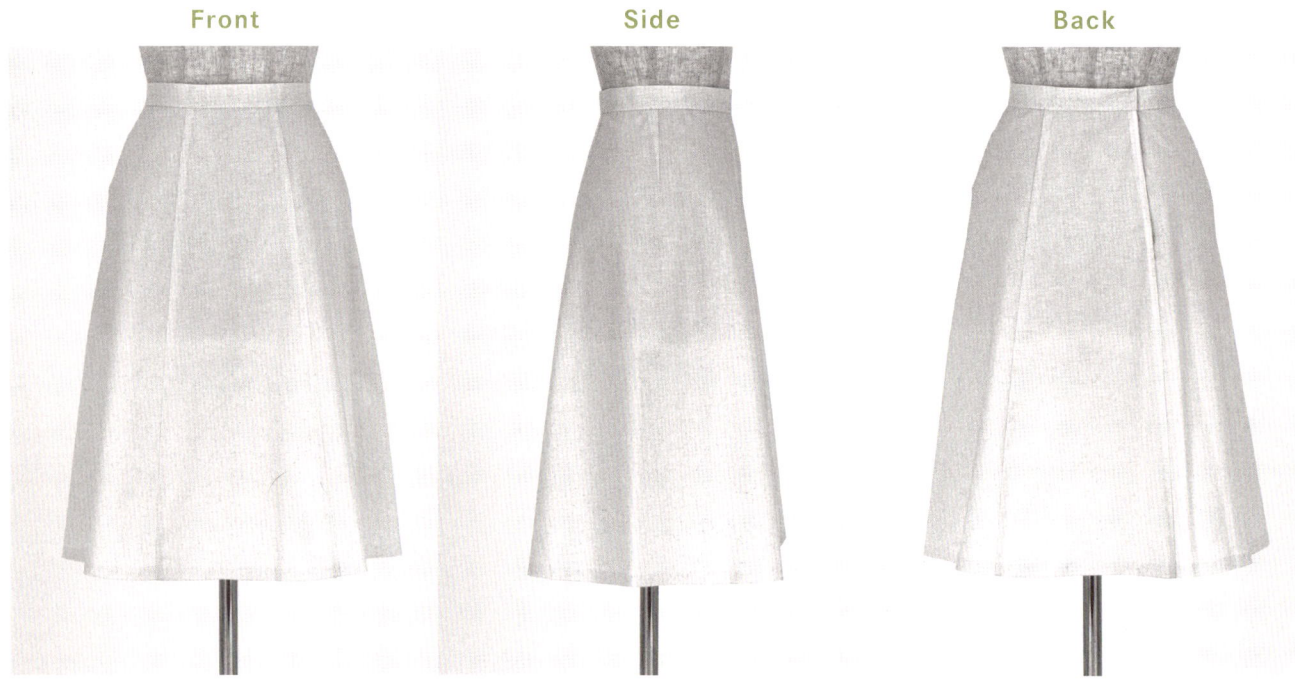

Pattern

※○안의 숫자는 시접, 정해진 곳 외의 시접은 1cm.
※▒▒▒는 접착심을 붙인다.
※허리벨트는 뒤 오른쪽 옆선 트임일 때.
※트임은 적절히 넣는다.

【C】〈스커트·허리벨트〉 벨트 타입/사이드 절개

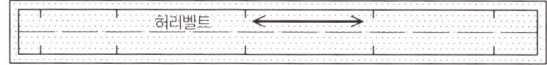

허리벨트

【C】 사이드 절개 옆 스커트

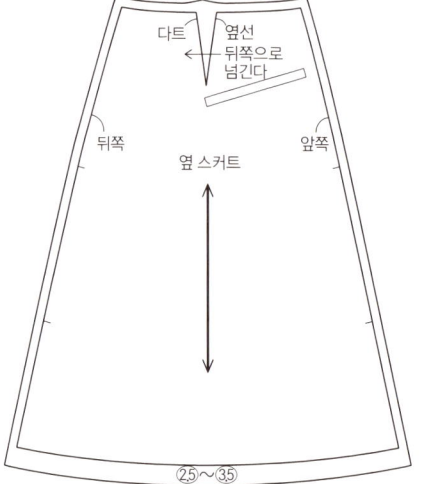

다트
옆선
뒤쪽으로
넘긴다
뒤쪽
앞쪽
옆 스커트
㉕～㉟

【C】 사이드 절개 앞뒤 스커트

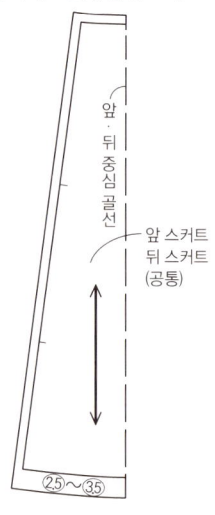

앞·뒤 중심 골선
앞 스커트
뒤 스커트
(공통)
㉕～㉟

벨트 타입／변형

사이드 절개(개더)

사이드 절개(기본)(→P.34)에서 변형한 스커트로 앞·뒤 스커트는 공통이고 옆 스커트를 개더로 바꿨습니다.
풍성하고 부드러운 실루엣입니다.

Front   Side   Back

Pattern

※ ○안의 숫자는 시접, 정해진 곳 외의 시접은 1cm.
※ 왼쪽 또는 위부터 7 / 9 / 11 / 13 / 15호 사이즈.
※ ▨는 접착심을 붙인다.
※ 허리벨트는 뒤 오른쪽 옆선 트임일 때.
※ 트임은 적절히 넣는다.

【C】〈스커트·허리벨트〉 벨트 타입/사이드 절개

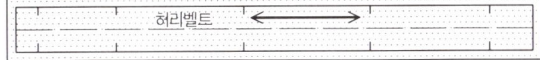

허리벨트

【C】사이드 절개 앞뒤 스커트

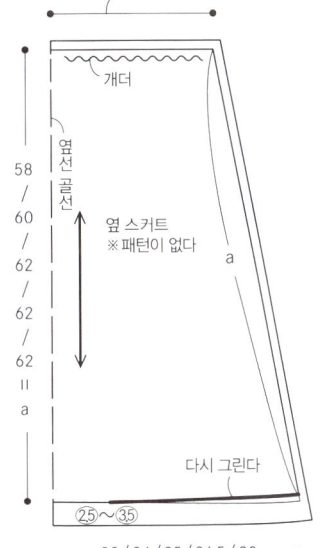

21 / 22 / 23 / 24.5 / 26

개더

옆선 골선

옆 스커트
※ 패턴이 없다

a

다시 그린다

58 / 60 / 62 / 62 / 62 ∥ a

33 / 34 / 35 / 36.5 / 38

㉕〜㉟

앞·뒤 중심 골선

a

앞 스커트
뒤 스커트
(공통)

㉕〜㉟

사이드 절개(플레어 패널)

사이드 절개(기본)(→P.34)에서 변형한 스커트로 절개선의 밑단 쪽에 플레어 패널을 끼워 넣은 디자인.
밑단에 움직임이 있어서 실루엣이 우아합니다.

Front   Side   Back

Pattern

※○안의 숫자는 시접. 정해진 곳 외의 시접은 1cm.
※▨는 접착심을 붙인다.
※허리벨트는 뒤 오른쪽 옆선 트임일 때.
※트임은 적절히 넣는다.

【C】〈스커트·허리벨트〉 벨트 타입/사이드 절개

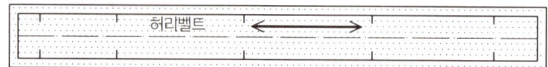

허리벨트

【C】사이드 절개 옆 스커트

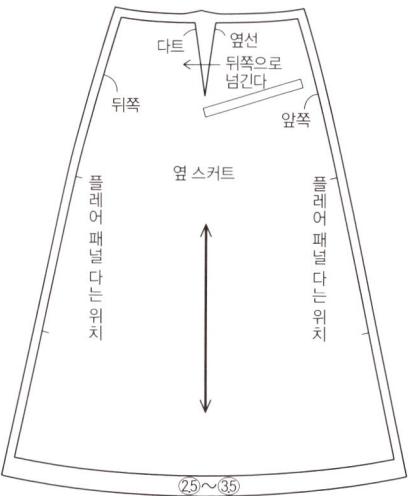

다트
옆선
뒤쪽으로
넘긴다
뒤쪽   앞쪽
옆 스커트
플레어 패널 다는 위치   플레어 패널 다는 위치
②.5〜③.5

【C】사이드 절개
플레어 패널

또는

플레어 패널
②.5〜③.5

【C】사이드 절개 앞뒤 스커트

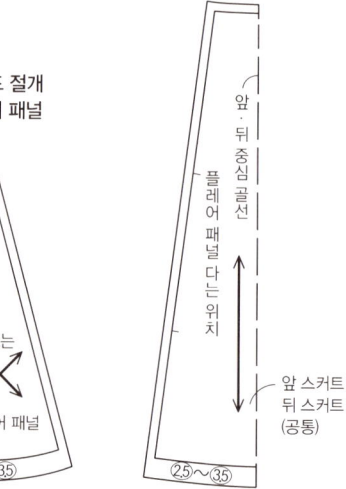

앞·뒤 중심 골선
플레어 패널 다는 위치
앞 스커트
뒤 스커트
(공통)
②.5〜③.5

벨트 타입／변형

사이드 절개(슬릿)

사이드 절개(기본)(→P.34)에서 변형한 스커트로 절개선을 이용해 밑단 쪽에 슬릿을 넣었습니다.
슬릿 깊이는 취향대로 바꿀 수 있습니다.

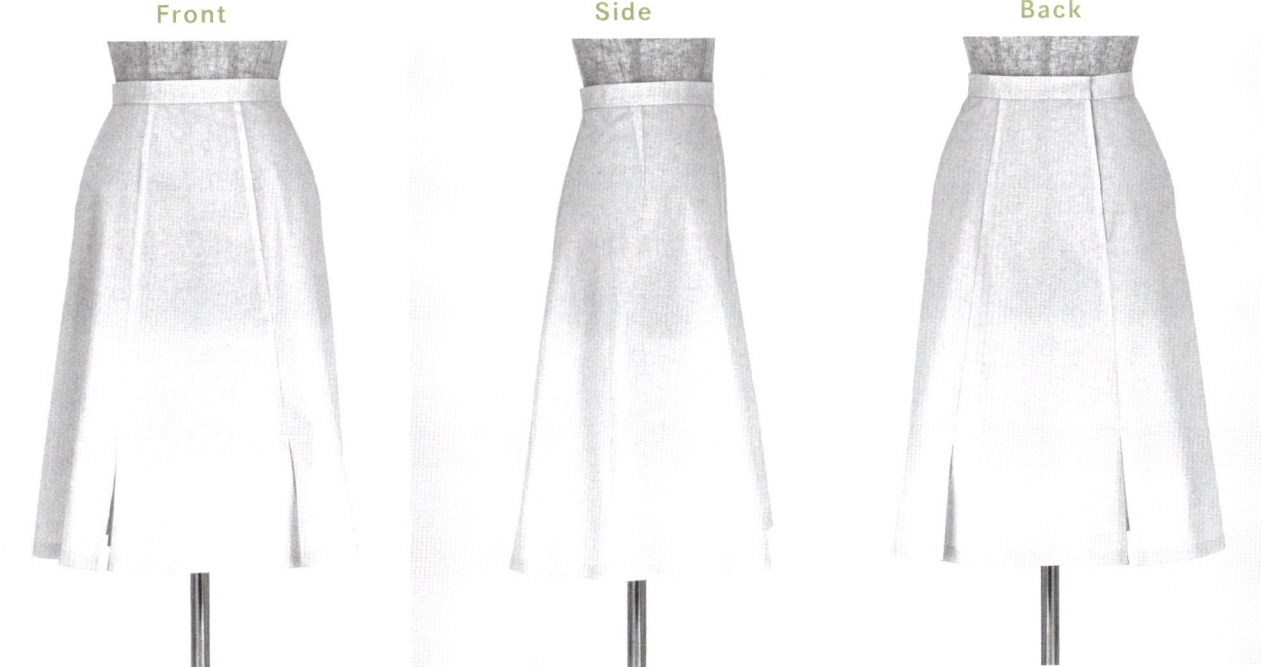

Front　　　　　　Side　　　　　　Back

Pattern

※ ○안의 숫자는 시접, 정해진 곳 외의 시접은 1cm.
※ ▨는 접착심을 붙인다.
※ 허리벨트는 뒤 오른쪽 옆선 트임일 때.
※ 트임은 적절히 넣는다.

【C】〈스커트・허리벨트〉 벨트 타입/사이드 절개

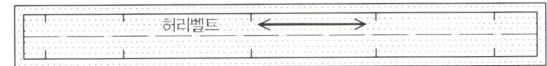

허리벨트

【C】사이드 절개 옆 스커트

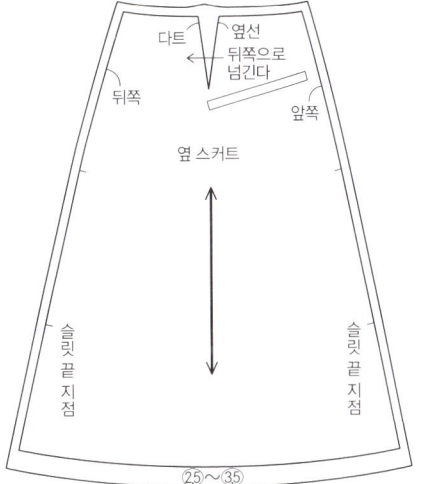

다트　옆선
　　　뒤쪽으로
　　　넘긴다
뒤쪽　　　　　앞쪽
옆 스커트
슬릿 끝 지점　　　슬릿 끝 지점
㉕〜㉟

【C】사이드 절개 앞뒤 스커트

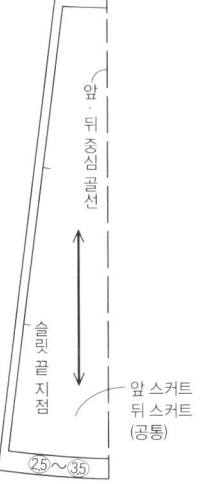

앞・뒤 중심 골선
슬릿 끝 지점
앞 스커트
뒤 스커트
(공통)
㉕〜㉟

T자 절개(기본)

플레어(90도)(→P.28)에서 변형한 스커트. 절개선으로 T자 모양 앞·뒤 스커트와 옆 스커트로 나눴습니다.
식서 방향을 바꾸거나 어떤 소재를 사용하느냐에 따라서 디자인을 즐길 수 있습니다.

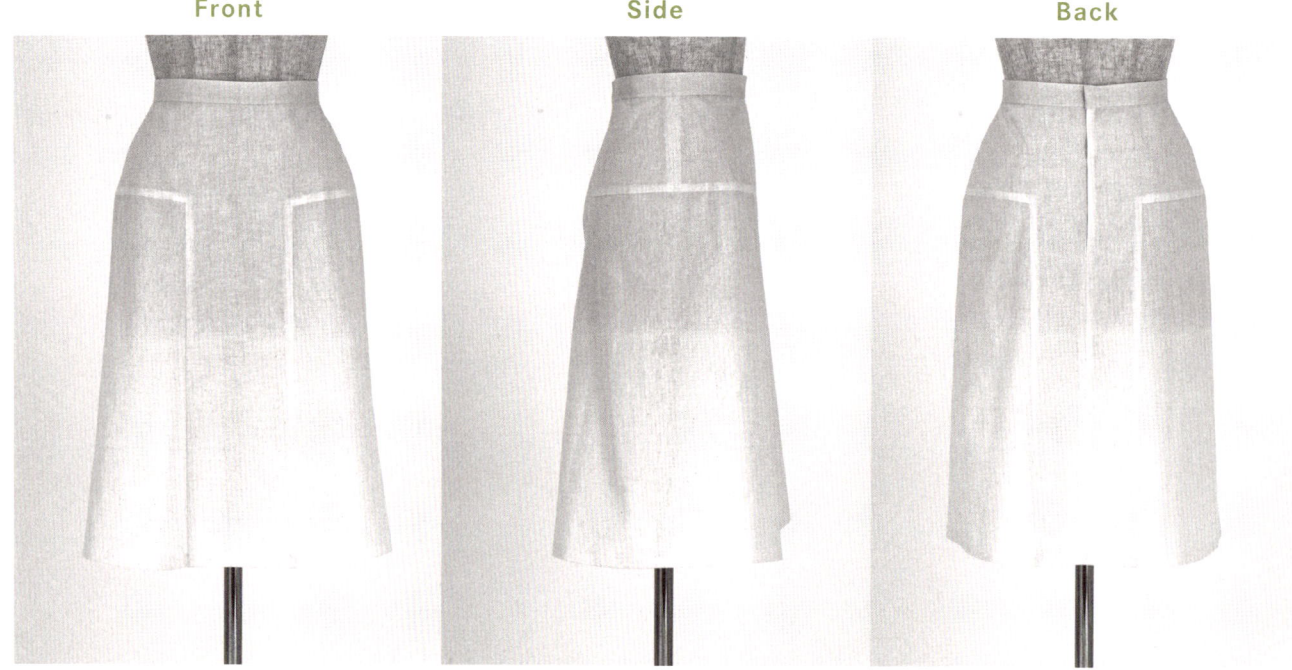

| Front | Side | Back |

Pattern

※ ○안의 숫자는 시접, 정해진 곳 외의 시접은 1cm.
※ ▨는 접착심을 붙인다
※ 허리벨트는 왼쪽 옆선 트임일 때, 뒤 중심 트임일 때는 맞춤점을 옮겨서 사용한다.
※ 트임은 적절히 넣는다.

【C】〈스커트·허리벨트〉 벨트 타입/플레어

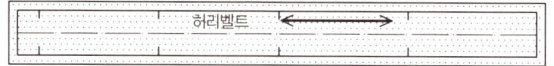

허리벨트

【B】플레어(90도) 앞뒤 스커트

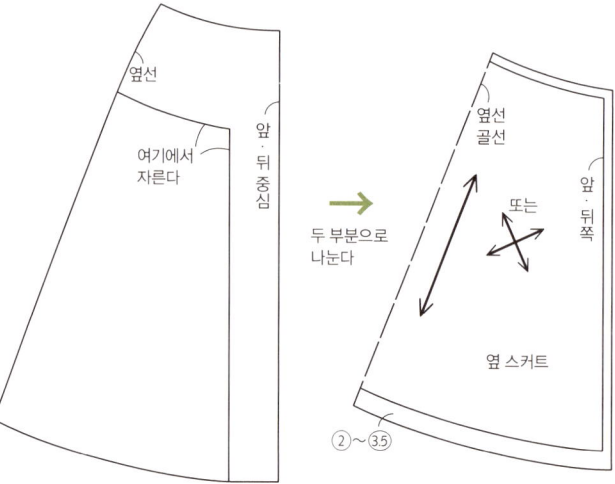

옆선

여기에서
자른다

앞·뒤 중심

두 부분으로
나눈다

옆선
골선

또는

앞·뒤 쪽

옆 스커트

② ~ ③.5

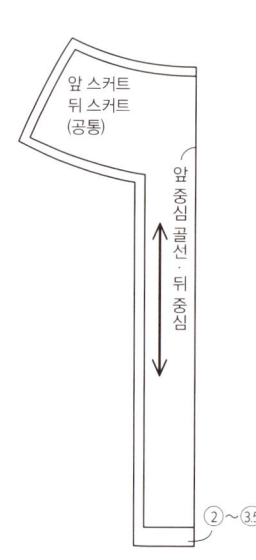

앞 스커트
뒤 스커트
(공통)

앞 중심 골선·뒤 중심

② ~ ③.5

벨트 타입／변형
T자 절개(플레어)

T자 절개(기본)(→P.38)에서 변형한 스커트. 옆 스커트의 플레어 분량을 늘렸습니다.
밑단 둘레가 넓어서 부드러운 인상을 줍니다.

Front   Side   Back

Pattern

※○안의 숫자는 시접, 정해진 곳 외의 시접은 1cm.
※▦는 접착심을 붙인다
※허리벨트는 왼쪽 옆선 트임일 때, 뒤 중심 트임일 때는
　맞춤점을 옮겨서 사용한다.
※트임은 적절히 넣는다.

【C】〈스커트·허리벨트〉　벨트 타입/플레어

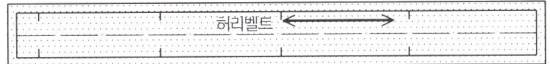

허리벨트

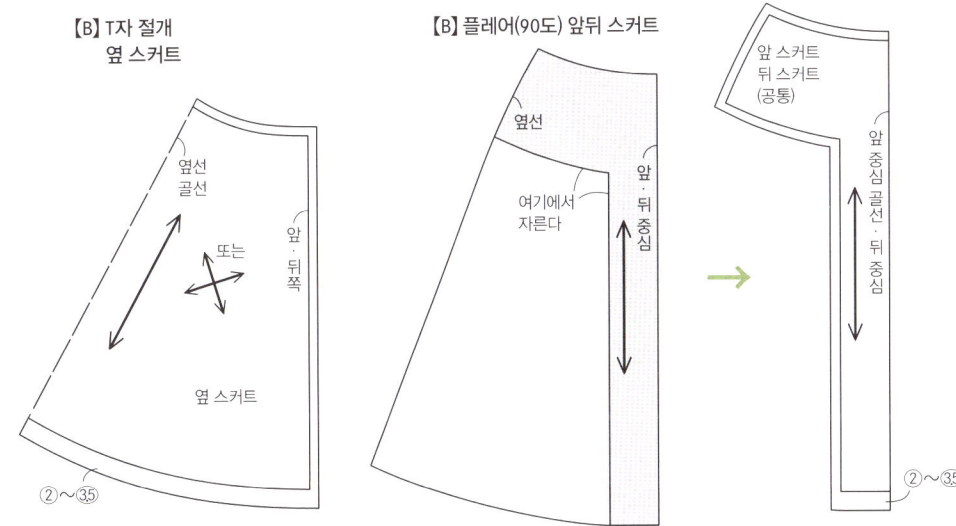

【B】T자 절개
　옆 스커트

옆선
골선

또는

앞·뒤
쪽

옆 스커트

②～㉟

【B】플레어(90도) 앞뒤 스커트

옆선

여기에서
자른다

앞·뒤
중심

앞 스커트
뒤 스커트
(공통)

앞
중심
골선·뒤 중심

②～㉟

T자 절개(개더)

T자 절개(기본)(→P.38)에서 변형한 스커트. 옆 스커트를 개더로 했습니다.
개더 분량은 취향대로 조절하세요.

Front	Side	Back

Pattern

※ ○안의 숫자는 시접. 정해진 곳 외의 시접은 1cm.
※ 왼쪽 또는 위부터 7 / 9 / 11 / 13 / 15호 사이즈.
※ ▨는 접착심을 붙인다.
※ 허리벨트는 왼쪽 옆선 트임일 때, 뒤 중심 트임일 때는
　맞춤점을 옮겨서 사용한다.
※ 트임은 적절히 넣는다.

【C】〈스커트·허리벨트〉 벨트 타입/플레어

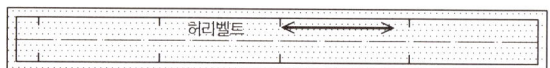

허리벨트

【B】 플레어(90도) 앞뒤 스커트

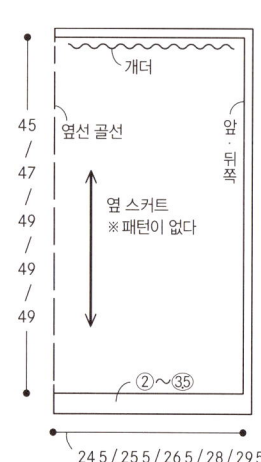

개더

45 / 47 / 49 / 49 / 49

옆선 골선

앞·뒤쪽

옆 스커트
※ 패턴이 없다

②〜㉟

24.5 / 25.5 / 26.5 / 28 / 29.5

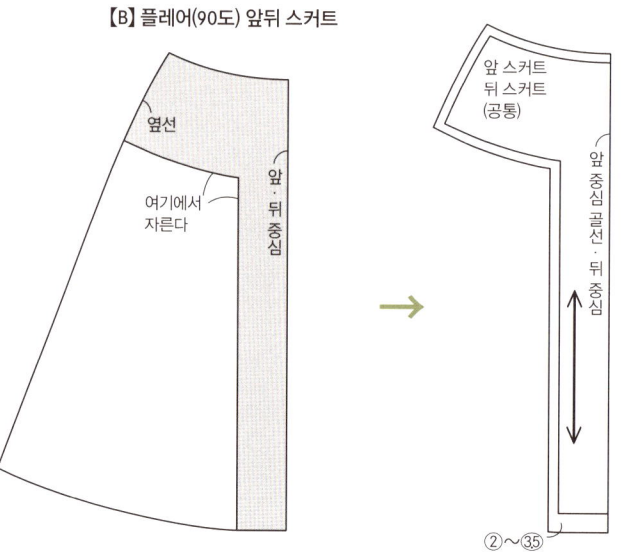

옆선

여기에서
자른다

앞·뒤중심

앞 스커트
뒤 스커트
(공통)

앞 중심 골선 · 뒤 중심

②〜㉟

앞 벨트·뒤 고무밴드

센터 플리츠

앞 중심에 박스 타입의 플리츠를 넣은 디자인.
허리 처리는 앞은 허리벨트로 깔끔하게 하고 뒤에만 고무밴드를 넣어서 허리 트임이 필요 없습니다.
뒤 스커트는 공통(→P.41~47)입니다.

Front	Side	Back

Pattern

※ ○안의 숫자는 시접. 정해진 곳 외의 시접은 1cm.
※ ▒▒▒는 접착심을 붙인다.　※ 뒤 허리에 고무밴드를 넣는다.

【C】〈스커트·허리벨트〉 앞 벨트·뒤 고무밴드

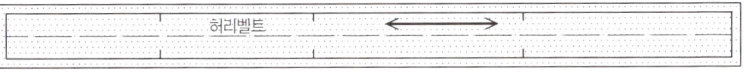

허리벨트

【A】 뒤 스커트 기본

선이 부드럽게 이어지도록 다시 그린다

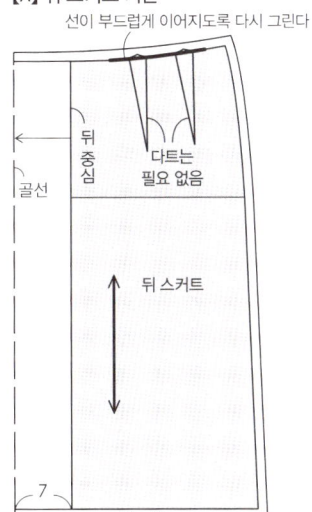

뒤 중심
골선
다트는
필요 없음
뒤 스커트
7
③~④

【B】 센터 플리츠 앞 스커트

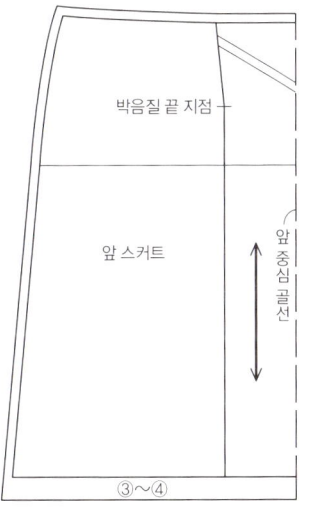

박음질 끝 지점
앞 스커트
앞 중심 골선
③~④

one point　플리츠 접는 법

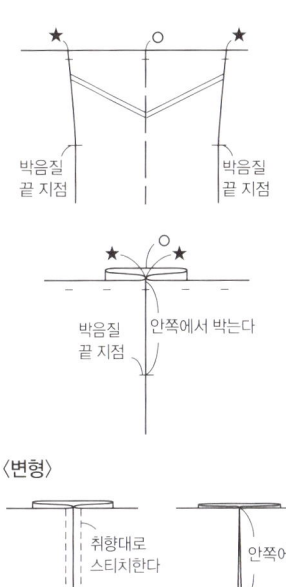

★ ○ ★
박음질 끝 지점　박음질 끝 지점

★ ○ ★
박음질 끝 지점　안쪽에서 박는다

〈변형〉

취향대로 스티치한다
박음질 끝 지점
안쪽에서 박는다

양 사이드 플리츠

앞 스커트의 양 사이드에 박스 타입의 플리츠를 넣은 디자인. 플리츠의 접음선을 확실하게 눌러서 만드는 것이 포인트입니다.
뒤 스커트는 공통(→P.41)입니다.

Front	Side

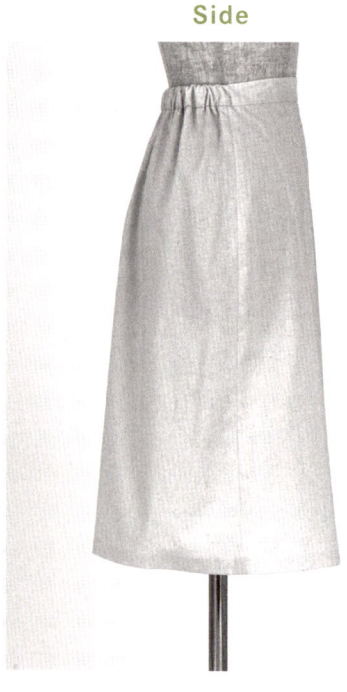

Pattern

※○안의 숫자는 시접. 정해진 곳 외의 시접은 1cm.
※뒤 스커트는 공통(→P.41).
※ ⬚⬚⬚ 는 접착심을 붙인다.
※뒤 허리에 고무밴드를 넣는다.

【C】〈스커트·허리벨트〉 앞 벨트·뒤 고무밴드

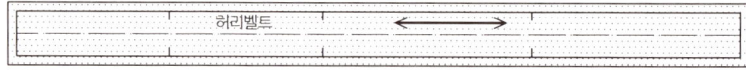

허리벨트

【A】뒤 스커트 기본

선이 부드럽게 이어지도록 다시 그린다

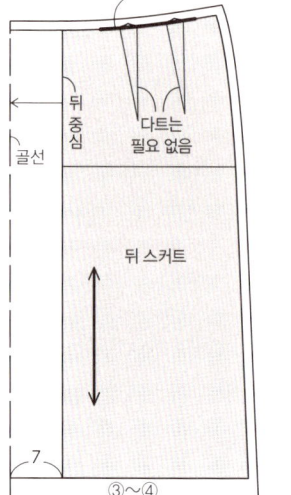

뒤 중심
골선
다트는 필요 없음
뒤 스커트
7
③～④

【B】양 사이드 플리츠 앞 스커트

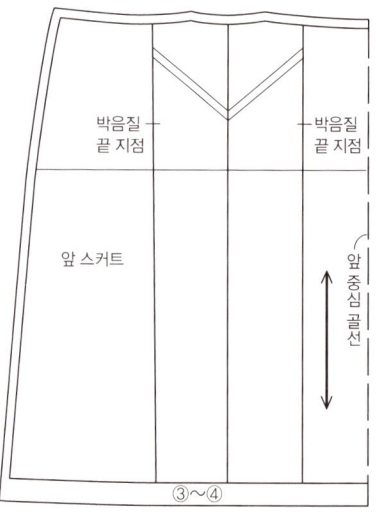

박음질 끝 지점
박음질 끝 지점
앞 스커트
앞 중심 골선
③～④

앞 벨트·뒤 고무밴드
랩스커트풍

앞 스커트의 한쪽에 깊은 턱을 1줄 넣어서 마치 감아 입은 듯 보이는 랩스커트풍 스커트입니다.
뒤 스커트는 공통(→P.41)입니다.

Front
Side

Pattern

※ ○안의 숫자는 시접. 정해진 곳 외의 시접은 1cm.
※ 뒤 스커트는 공통(→P.41).
※ ▨는 접착심을 붙인다.
※ 뒤 허리에 고무밴드를 넣는다.

【C】〈스커트·허리벨트〉 앞 벨트·뒤 고무밴드

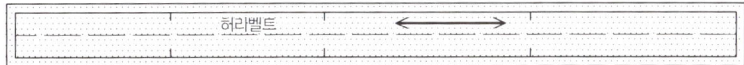

허리벨트

【B】 랩스커트풍 앞 스커트

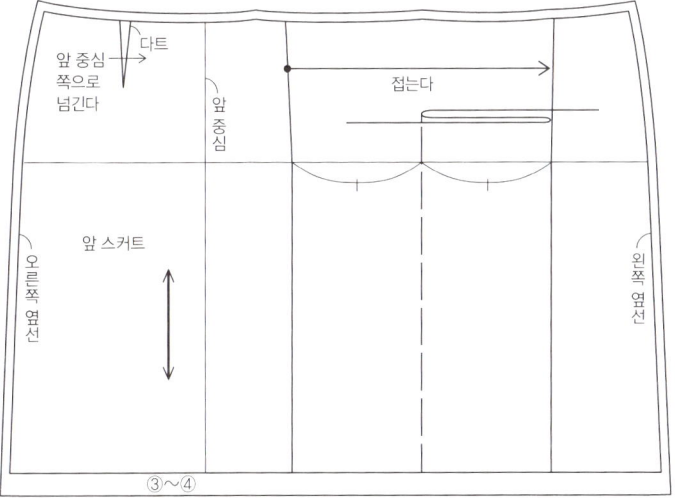

앞 중심 쪽으로 넘긴다
다트
앞 중심
접는다
오른쪽 옆선
앞 스커트
왼쪽 옆선
③〜④

턱 1줄(안쪽 방향 턱)

앞 스커트의 좌우에 살짝 깊은 턱을 1줄씩 넣은 디자인.
앞 스커트는 턱 2줄(안쪽 방향 턱)(→P.46)의 아래쪽을 잘라서 조합하고 턱은 앞 중심 쪽으로 넘깁니다.
뒤 스커트는 공통(→P.41)입니다.

Front　　　　　　Side

Pattern

※○안의 숫자는 시접, 정해진 곳 외의 시접은 1cm.
※뒤 스커트는 공통(→P.41).
※ 는 접착심을 붙인다.
※뒤 허리에 고무밴드를 넣는다.

【C】〈스커트·허리벨트〉　앞 벨트·뒤 고무밴드

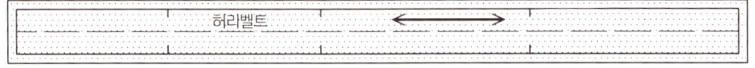

허리벨트

【A】턱 2줄(안쪽 방향 턱) 앞 스커트　　　【A】턱 1줄(안쪽 방향 턱) 앞 스커트

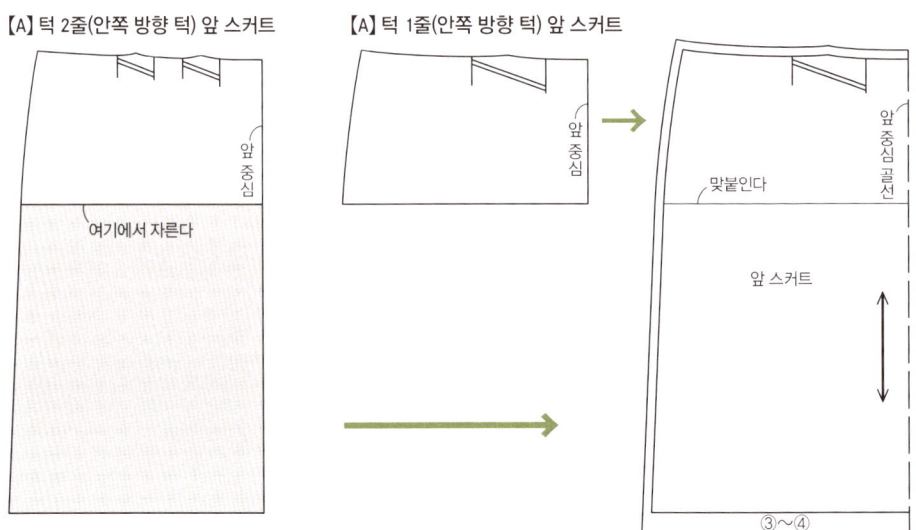

앞 중심

여기에서 자른다

앞 중심

맞붙인다

앞 중심 골선

앞 스커트

③～④

앞 벨트·뒤 고무밴드
턱 1줄(바깥 방향 턱)

앞 스커트의 좌우에 살짝 깊은 턱을 1줄씩 넣은 디자인.
앞 스커트는 턱 2줄(바깥 방향 턱)(→P.47)의 아래쪽을 잘라서 조합하고 턱은 옆선 쪽으로 넘깁니다.
뒤 스커트는 공통(→P.41)입니다.

Front　　　　**Side**

Pattern

※○안의 숫자는 시접. 정해진 곳 외의 시접은 1cm.
※ 뒤 스커트는 공통(→P.41).
※░░░는 접착심을 붙인다.
※ 뒤 허리에 고무밴드를 넣는다.

【C】〈스커트·허리벨트〉 앞 벨트·뒤 고무밴드

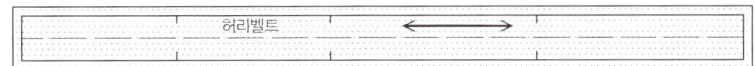

【A】 턱 2줄(바깥 방향 턱) 앞 스커트　　　【A】 턱 1줄(바깥 방향 턱) 앞 스커트

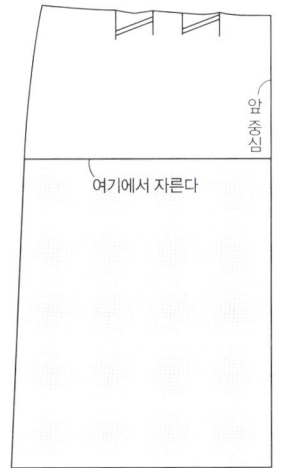

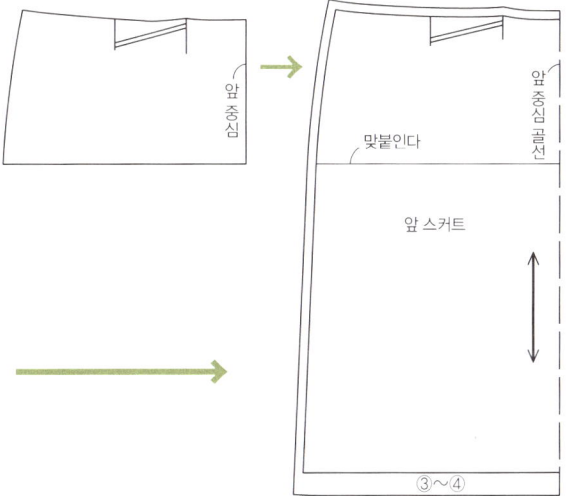

턱 2줄(안쪽 방향 턱)

앞 스커트의 좌우에 턱을 2줄씩 넣은 디자인.
안쪽 방향 턱은 턱의 그림자가 중심 쪽으로 향하고 가운데가 패인 듯이 보이기 때문에 배 둘레가 날씬해 보이는 효과가 있습니다.
뒤 스커트는 공통(→P.41).

Front   Side

Pattern

※○안의 숫자는 시접. 정해진 곳 외의 시접은 1cm.
※뒤 스커트는 공통(→P.41).
※░░는 접착심을 붙인다.
※뒤 허리에 고무밴드를 넣는다.

【C】〈스커트·허리벨트〉 앞 벨트·뒤 고무밴드

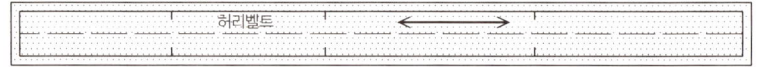

허리벨트

【A】뒤 스커트 기본

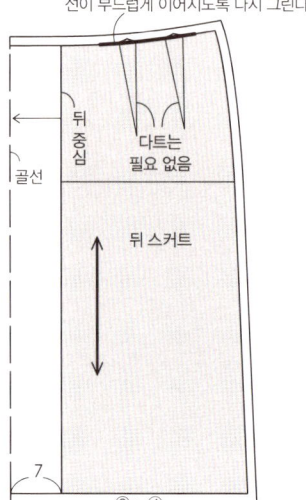

선이 부드럽게 이어지도록 다시 그린다

뒤 중심

골선

다트는 필요 없음

뒤 스커트

7

③〜④

【A】턱 2줄(안쪽 방향 턱) 앞 스커트

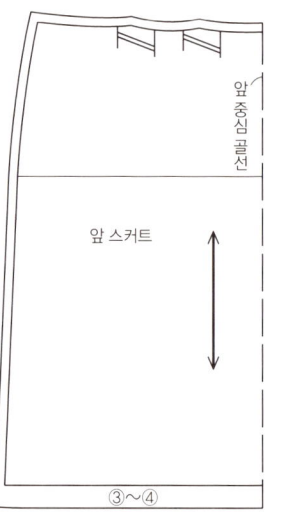

앞 중심 골선

앞 스커트

③〜④

턱 2줄(바깥 방향 턱)

앞 스커트의 좌우에 턱을 2줄씩 넣은 디자인.
바깥 방향 턱은 세로선이 강조되어서 날카로운 느낌을 줍니다.
뒤 스커트는 공통(→P.41).

Front　　　　　Side

Pattern

※○안의 숫자는 시접, 정해진 곳 외의 시접은 1cm.
※뒤 스커트는 공통(→P.41).
※▨는 접착심을 붙인다.
※뒤 허리에 고무밴드를 넣는다.

【C】〈스커트 · 허리벨트〉　앞 벨트 · 뒤 고무밴드

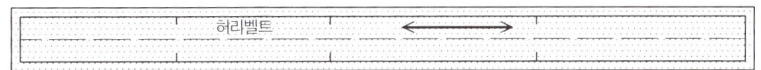

허리벨트

【A】뒤 스커트 기본　　　　　　　【A】턱 2줄(바깥 방향 턱) 앞 스커트

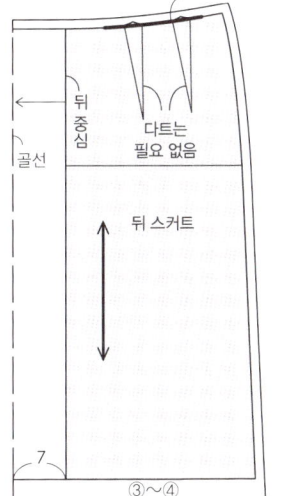

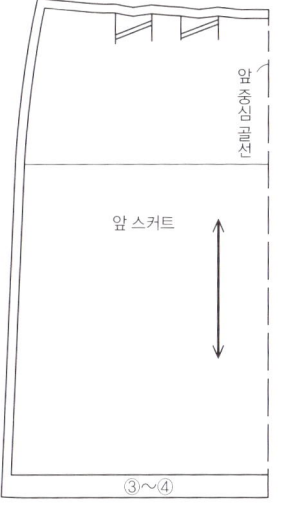

개더(적게)

원형 없이 제도해 만들며 허리 전체에 고무밴드를 넣은 스커트의 기본형.
허리 부분에 고무밴드를 끼웁니다. 개더는 적게 넣어서 허리둘레가 날씬한 실루엣입니다.
A~C 절개 위치는 뒤에서 사용합니다(→P.50~53).

Front	Side	Back

Pattern

※○안의 숫자는 시접. 정해진 곳 외의 시접은 1cm.
※왼쪽 또는 위부터 7 / 9 / 11 / 13 / 15호 사이즈.
※허리 전체에 고무밴드를 넣는다.

〈제도〉
※48~53페이지는 일부를 제외하고 패턴이 없다.
※이 페이지의 제도를 바탕으로 만든다(A~C는 절개 위치).
    A=17.5 / 18 / 18.5 / 18.5 / 18.5
    B=20.5 / 21 / 21.5 / 21.5 / 21.5
    C=48.5 / 50 / 51.5 / 51.5 / 51.5

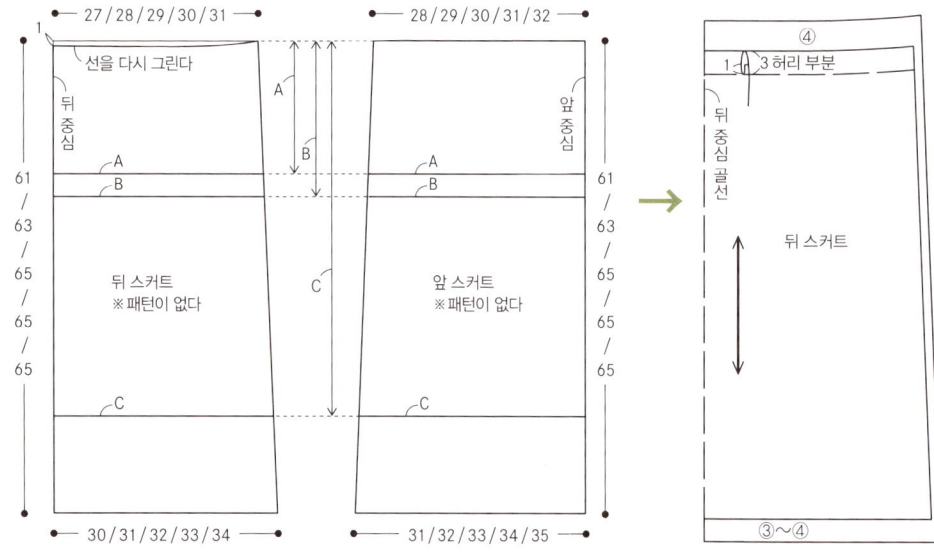

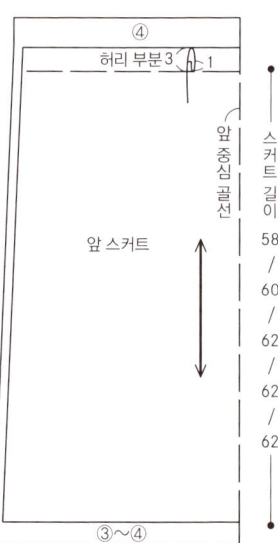

전체 고무밴드
개더(넉넉히)

원형 없이 제도해 만들며 개더를 넉넉히 잡고 허리 전체에 고무밴드를 넣은 스커트.
옆선에 경사를 주고 허리의 뒤 중심 쪽을 조금 낮게 하면 선이 예쁩니다.

Front   Side   Back

Pattern

※○안의 숫자는 시접. 정해진 곳 외의 시접은 1cm.
※왼쪽 또는 위부터 7 / 9 / 11 / 13 / 15호 사이즈.
※허리 전체에 고무밴드를 넣는다.

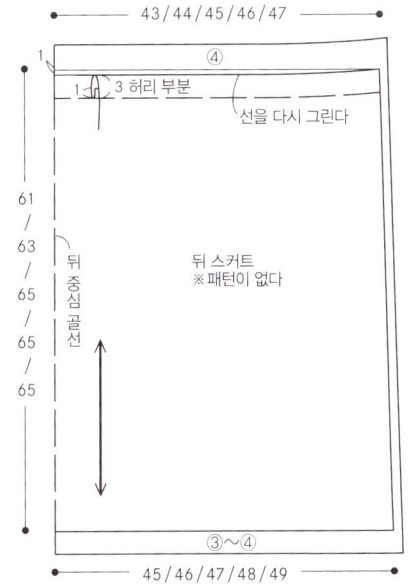

43 / 44 / 45 / 46 / 47

④
3 허리 부분
선을 다시 그린다

뒤 스커트
※패턴이 없다

뒤 중심 골선

61 / 63 / 65 / 65 / 65

③～④

45 / 46 / 47 / 48 / 49

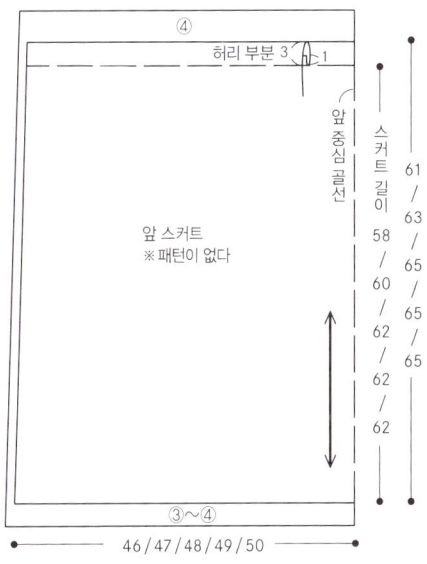

44 / 45 / 46 / 47 / 48

④
허리 부분 3

앞 스커트
※패턴이 없다

앞 중심 골선

스커트 길이

61 / 63 / 65 / 65 / 65

58 / 60 / 62 / 62 / 62

③～④

46 / 47 / 48 / 49 / 50

아랫부분 절개(개더)

기본 스커트보다 10cm 긴 미몰레 길이이며 위아래 2단으로 나눈 디자인입니다.
윗단은 48페이지 제도(C)를 사용하고 밑단은 직사각형 부분을 합친 뒤에 개더를 잡았습니다.

Front   Side   Back

Pattern

※○안의 숫자는 시접, 정해진 곳 외의 시접은 1cm.
※왼쪽 또는 위부터 7 / 9 / 11 / 13 / 15호 사이즈.
※48페이지 제도(C)를 사용한다.
※허리 전체에 고무밴드를 넣는다.

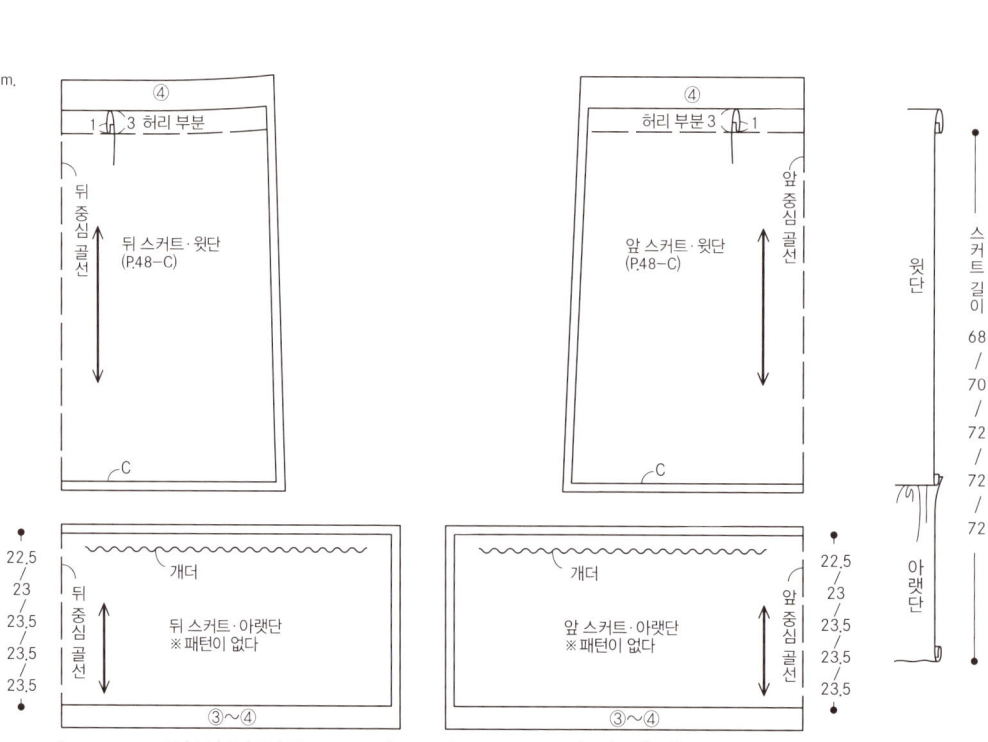

전체 고무밴드

아랫부분 절개(플레어)

기본 스커트보다 10cm 긴 미몰레 길이이며 위아래 2단으로 나눈 디자인입니다.
윗단은 48페이지 제도(C)를 사용하고, 밑단에 플레어 부분을 단 활동성 있는 디자인입니다.

Front	Side	Back

Pattern

※○안의 숫자는 시접, 정해진 곳 외의 시접은 1cm.
※왼쪽 또는 위부터 7 / 9 / 11 / 13 / 15호 사이즈.
※48페이지 제도(C)를 사용한다.
※허리 전체에 고무밴드를 넣는다.

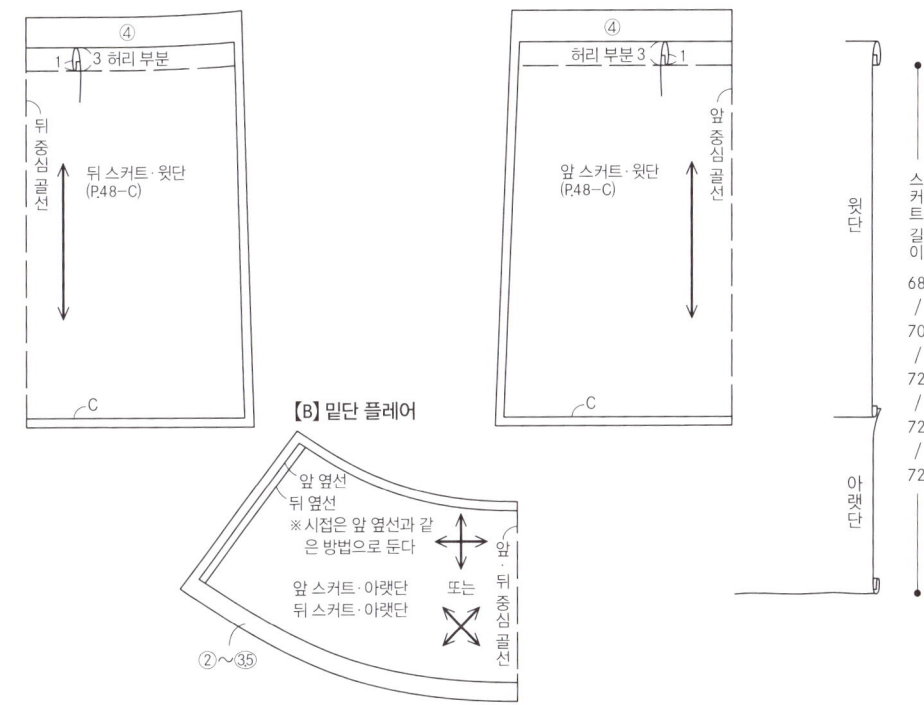

【B】밑단 플레어

윗부분 절개(개더)

기본 스커트보다 10cm 긴 미몰레 길이이며 위아래 2단으로 나눈 디자인입니다.
윗단은 48페이지 제도(A)를 사용합니다. 허리 가까이에서 절개했기 때문에 개더 분량이 풍성해도 허리둘레에서 뭉치지 않습니다.

Front   Side   Back

Pattern

※○안의 숫자는 시접, 정해진 곳 이외의 시접은 1cm.
※ 왼쪽 또는 위부터 7 / 9 / 11 / 13 / 15호 사이즈.
※ 48페이지 제도(A)를 사용한다.
※ 허리 전체에 고무밴드를 넣는다.

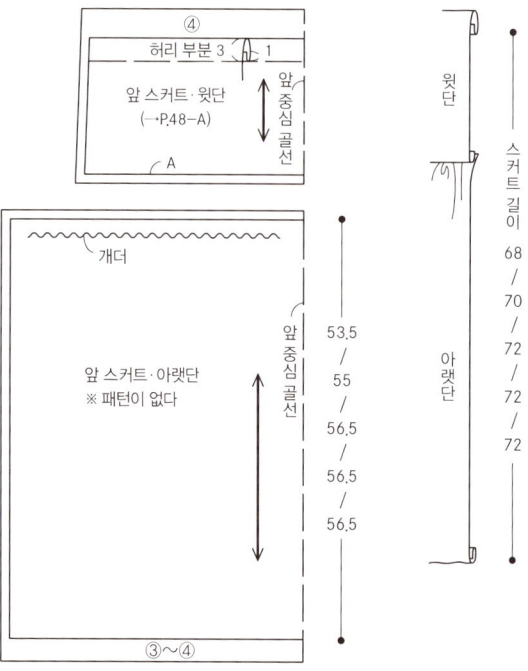

④
1   3 허리 부분
뒤중심골선
뒤 스커트·윗단
(→P.48-A)
A

④
허리 부분 3   1
앞 스커트·윗단
(→P.48-A)
앞중심골선
A

개더
뒤중심골선
53.5 / 55 / 56.5 / 56.5 / 56.5
뒤 스커트·아랫단
※ 패턴이 없다
③~④
39 / 40 / 41 / 42 / 43

개더
앞 스커트·아랫단
※ 패턴이 없다
앞중심골선
53.5 / 55 / 56.5 / 56.5 / 56.5
③~④
40 / 41 / 42 / 43 / 44

윗단
아랫단
스커트 길이
68 / 70 / 72 / 72 / 72

전체 고무밴드

위아래 3단 절개

기본 스커트보다 20cm 긴 롱 길이이며 위아래 3단으로 나눈 디자인입니다.
윗단은 48페이지 제도(B)를 사용합니다. 아래로 갈수록 개더 분량이 많아집니다.

Front

Side

Back

Pattern

※○안의 숫자는 시접. 정해진 곳 외의 시접은 1cm.
※왼쪽 또는 위부터 7 / 9 / 11 / 13 / 15호 사이즈.
※48페이지 제도(B)를 사용한다.
※허리 전체에 고무밴드를 넣는다.

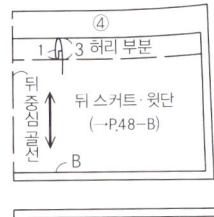

④
1 3 허리 부분
뒤 중심 골선
뒤 스커트·윗단
(→P.48−B)
B

④
허리 부분 3 1
앞 스커트·윗단
(→P.48−B)
앞 중심 골선
B

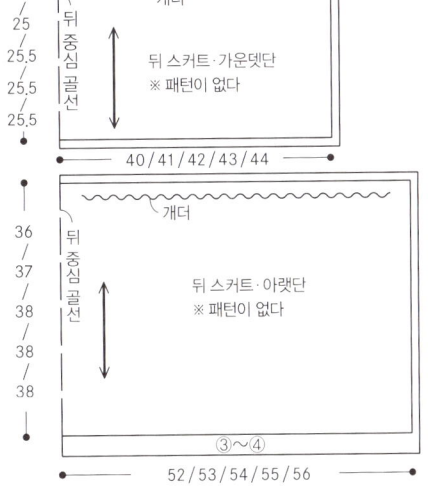

24.5 / 25 / 25.5 / 25.5 / 25.5
뒤 중심 골선
개더
뒤 스커트·가운뎃단
※패턴이 없다
40 / 41 / 42 / 43 / 44

24.5 / 25 / 25.5 / 25.5 / 25.5
개더
앞 스커트·가운뎃단
※패턴이 없다
앞 중심 골선
41 / 42 / 43 / 44 / 45

36 / 37 / 38 / 38 / 38
뒤 중심 골선
개더
뒤 스커트·아랫단
※패턴이 없다
52 / 53 / 54 / 55 / 56
③∼④

36 / 37 / 38 / 38 / 38
개더
앞 스커트·아랫단
※패턴이 없다
앞 중심 골선
53 / 54 / 55 / 56 / 57
③∼④

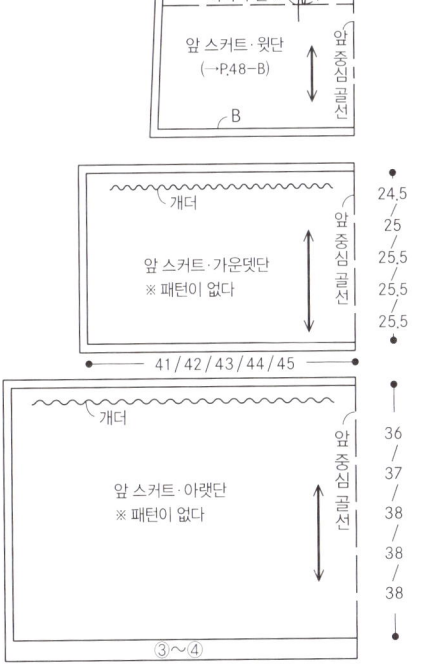

윗단
가운뎃단
아랫단
스커트 길이
78 / 80 / 82 / 82 / 82

허리 처리법

허리는 허리벨트, 고무밴드, 안단, 리본 등 다양한 방법으로 마무리할 수 있습니다.

● 허리벨트

접착심을 붙인 허리벨트감을 사용합니다. 허리선 시접을 허리벨트에 끼워서 만듭니다.

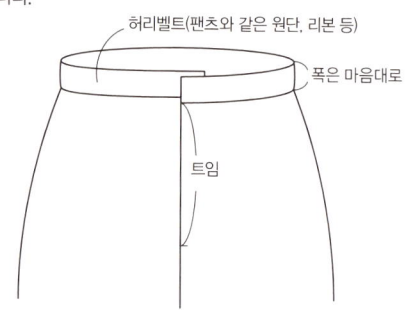

허리벨트(팬츠와 같은 원단, 리본 등)

폭은 마음대로

트임

● 안단

허리를 안단으로 처리할 때는 판판한 디자인이 적합합니다.

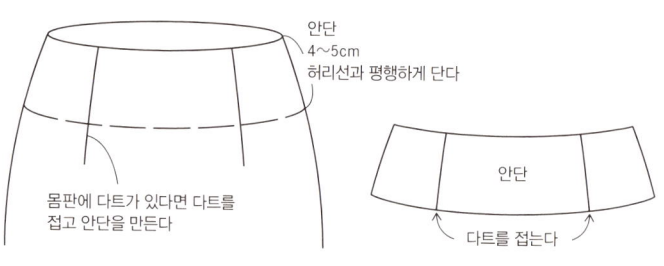

안단
4~5cm
허리선과 평행하게 단다

몸판에 다트가 있다면 다트를 접고 안단을 만든다

안단

다트를 접는다

● 고무밴드

허리에 고무밴드를 끼우는 방식이라서 자기 사이즈에 맞게 조정할 수 있습니다.

굵은 고무밴드 1줄

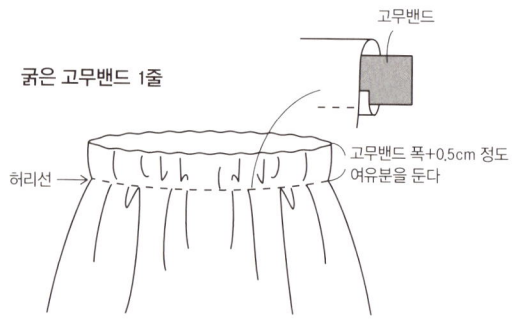

고무밴드

허리선

고무밴드 폭+0.5cm 정도 여유분을 둔다

가는 고무밴드 2줄

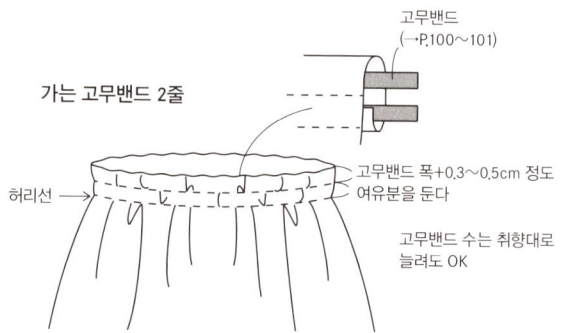

고무밴드
(→P.100~101)

허리선

고무밴드 폭+0.3~0.5cm 정도 여유분을 둔다

고무밴드 수는 취향대로 늘려도 OK

같은 원단으로 만든 허리벨트

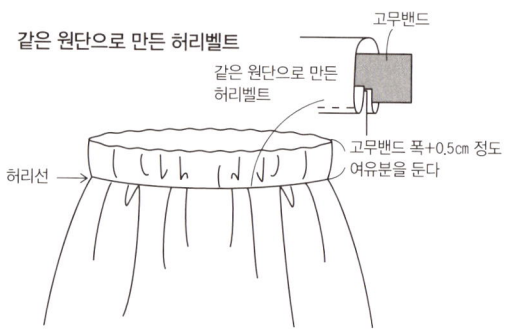

고무밴드

같은 원단으로 만든 허리벨트

허리선

고무밴드 폭+0.5cm 정도 여유분을 둔다

뒤에만 고무밴드

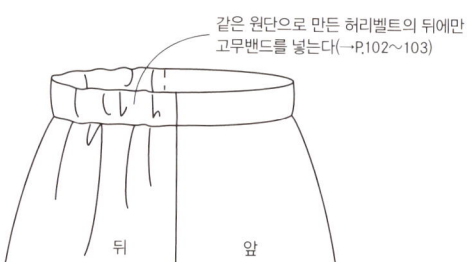

같은 원단으로 만든 허리벨트의 뒤에만 고무밴드를 넣는다(→P.102~103)

뒤   앞

● 리본

시판 리본이나 같은 원단으로 리본을 만들어서 허리를 처리하고 리본 끝을 그대로 연장해 묶으면 포인트가 됩니다.

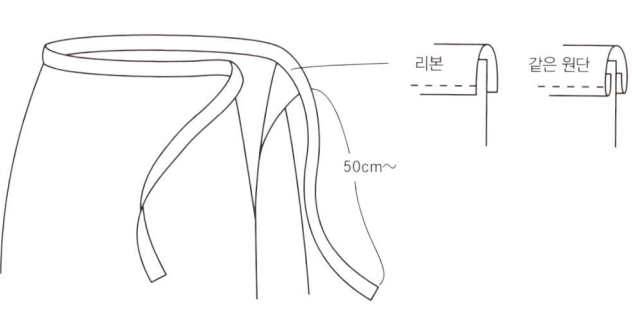

리본

같은 원단

50cm~

허리 트임

몸에 딱 맞는 디자인은 입고 벗기 위해 허리에 트임이 필요합니다.
하의는 지퍼나 단추 등을 사용해 허리선에서 20cm 정도(기준) 트임을 만듭니다.

● 콘실 지퍼(→P.56)

솔기에 숨기듯이 다는 지퍼입니다.

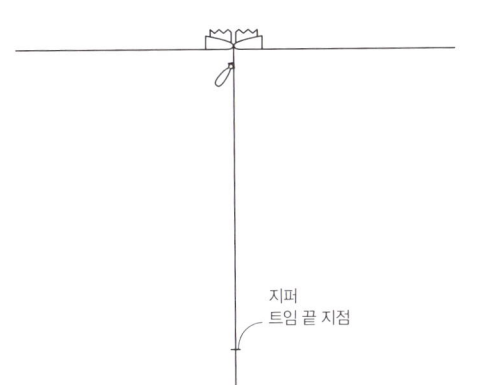

지퍼
트임 끝 지점

● 프런트 지퍼(→P.58~59)

밑덧단과 안단을 단 지퍼 트임으로 주로 앞 중심에 사용합니다.

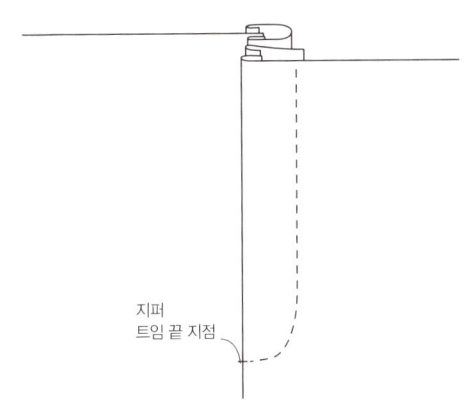

지퍼
트임 끝 지점

● 플랫니트 지퍼(→P.57)

솔기를 이용한 지퍼 트임입니다. 트임 위치는 부분에 따라 겹쳐지는 방향이 달라집니다.

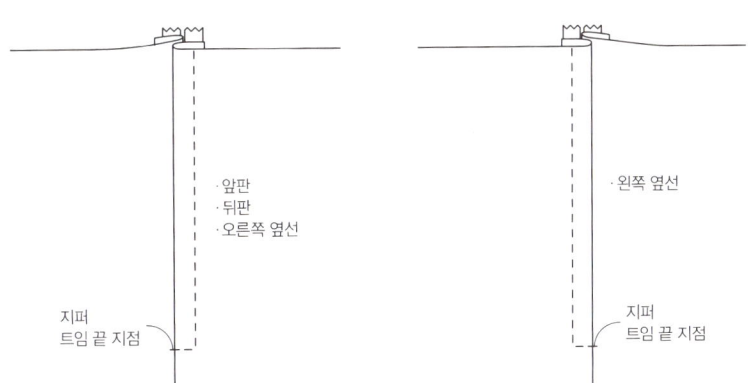

·앞판
·뒤판
·오른쪽 옆선

지퍼
트임 끝 지점

·왼쪽 옆선

지퍼
트임 끝 지점

● 단추

밑덧단과 안단으로 겹치는 부분을 만들고 단추로 여닫습니다. 모양은 벤트(→P.85)를 거꾸로 뒤집은 느낌입니다. 단춧구멍 중 세로 단춧구멍은 위아래에, 가로 단춧구멍은 좌우에 노는 부분이 생깁니다. 용도에 맞춰서 정해보세요.

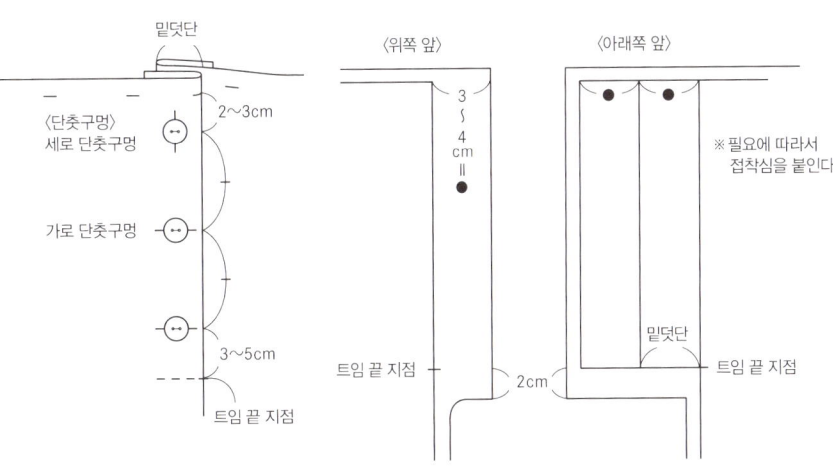

밑덧단

〈단춧구멍〉
세로 단춧구멍

2~3cm

가로 단춧구멍

3~5cm

트임 끝 지점

〈위쪽 앞〉

3
~
4
cm
=

트임 끝 지점

〈아래쪽 앞〉

※ 필요에 따라서
접착심을 붙인다.

밑덧단

2cm

트임 끝 지점

● 콘실 지퍼

달았을 때 지퍼 이빨이 겉에서 보이지 않는 지퍼. 솔기로 보이기 때문에 지퍼를 달아도 디자인에 지장을 주지 않습니다.

지퍼 트임 끝 지점

준비 작업

※시접에 접착심 또는 늘어남 방지 테이프를 붙인다.
※트임 길이는 원하는 대로 정한다.

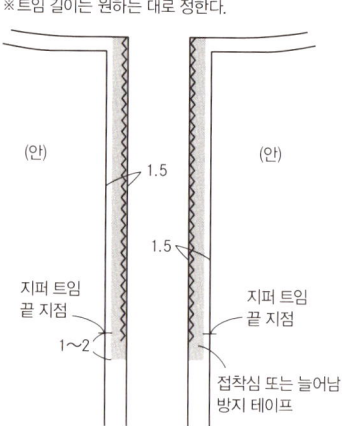

(안)　　　(안)

1.5

1.5

지퍼 트임
끝 지점

지퍼 트임
끝 지점

1~2

접착심 또는 늘어남
방지 테이프

1 지퍼 다는 위치를 박는다

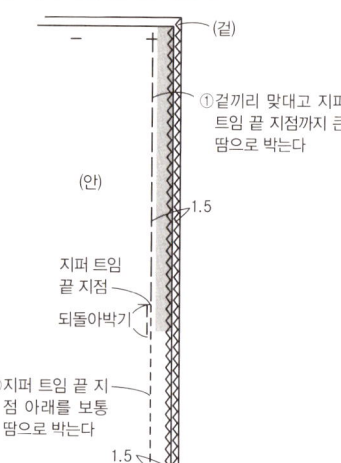

(안)　　(겉)

－　＋

1.5

①겉끼리 맞대고 지퍼
트임 끝 지점까지 큰
땀으로 박는다

지퍼 트임
끝 지점

되돌아박기

②지퍼 트임 끝 지
점 아래를 보통
땀으로 박는다

1.5

2 지퍼를 임시 고정한다

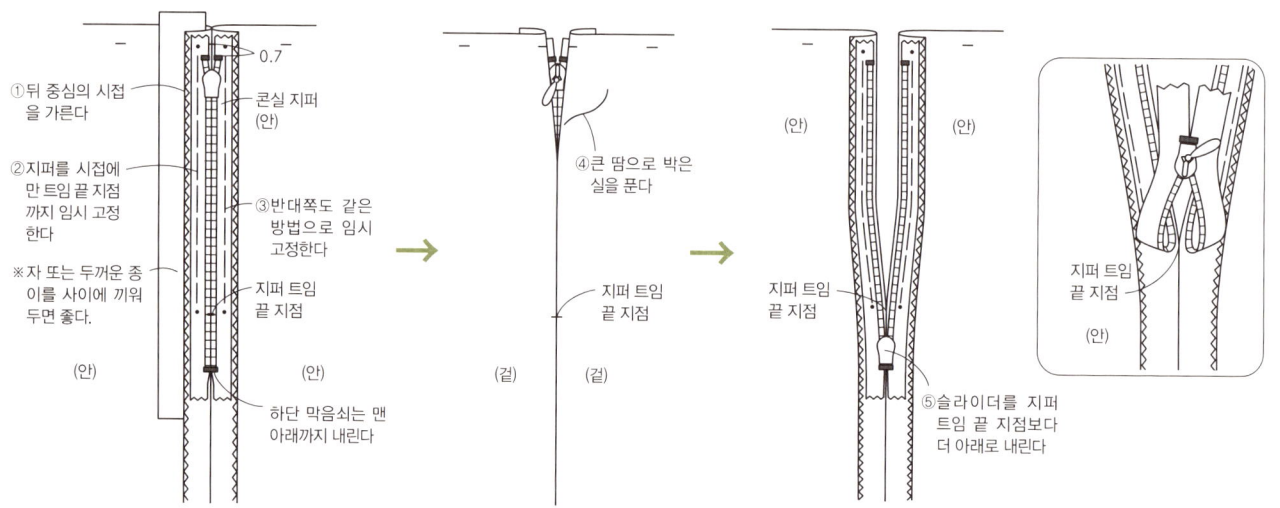

①뒤 중심의 시접
을 가른다

②지퍼를 시접에
만 트임 끝 지점
까지 임시 고정
한다

※자 또는 두꺼운 종
이를 사이에 끼워
두면 좋다.

(안)

콘실 지퍼
(안)

0.7

③반대쪽도 같은
방법으로 임시
고정한다

지퍼 트임
끝 지점

(안)

하단 막음쇠는 맨
아래까지 내린다

④큰 땀으로 박은
실을 푼다

지퍼 트임
끝 지점

(겉)　(겉)

(안)　(안)

지퍼 트임
끝 지점

⑤슬라이더를 지퍼
트임 끝 지점보다
더 아래로 내린다

지퍼 트임
끝 지점

(안)

3 지퍼를 박는다

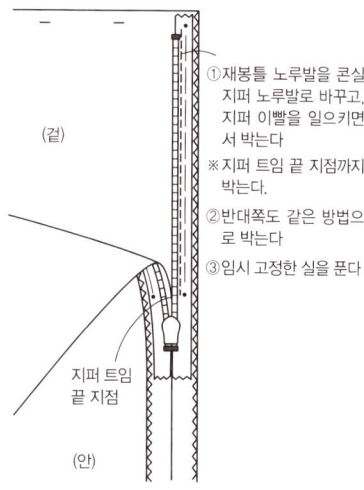

(겉)

①재봉틀 노루발을 콘실
지퍼 노루발로 바꾸고,
지퍼 이빨을 일으키면
서 박는다
※지퍼 트임 끝 지점까지
박는다.
②반대쪽도 같은 방법으
로 박는다
③임시 고정한 실을 푼다

지퍼 트임
끝 지점

(안)

재봉틀

(겉)

지퍼 이빨 바로
옆을 박는다

콘실 지퍼
노루발

4 슬라이더를 옮긴다

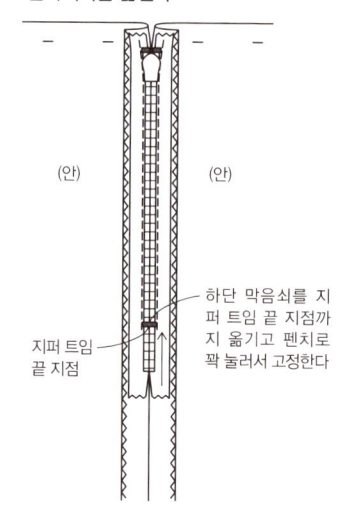

(안)　　(안)

하단 막음쇠를 지
퍼 트임 끝 지점까
지 옮기고 펜치로
꽉 눌러서 고정한다

지퍼 트임
끝 지점

● 플랫니트 지퍼

솔기를 이용한 지퍼 트임으로 겉에서 스티치해 지퍼를 답니다.

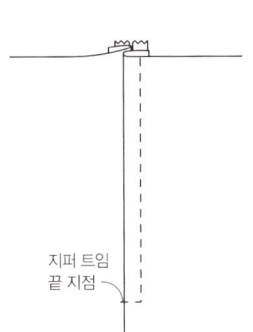

지퍼 트임
끝 지점

준비 작업

※시접에 접착심 또는 늘어남 방지 테이프를 붙인다.
※트임 길이는 원하는 대로 정한다.

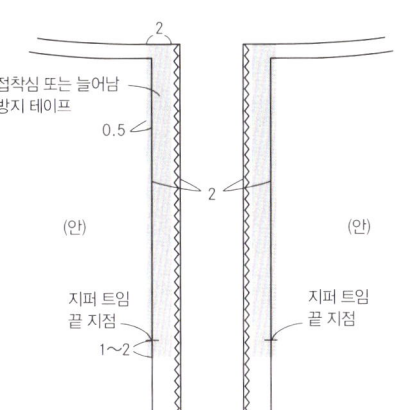

접착심 또는 늘어남
방지 테이프

0.5

2

(안)   (안)

지퍼 트임   지퍼 트임
끝 지점   끝 지점

1~2

---

1 지퍼 다는 위치를 박는다

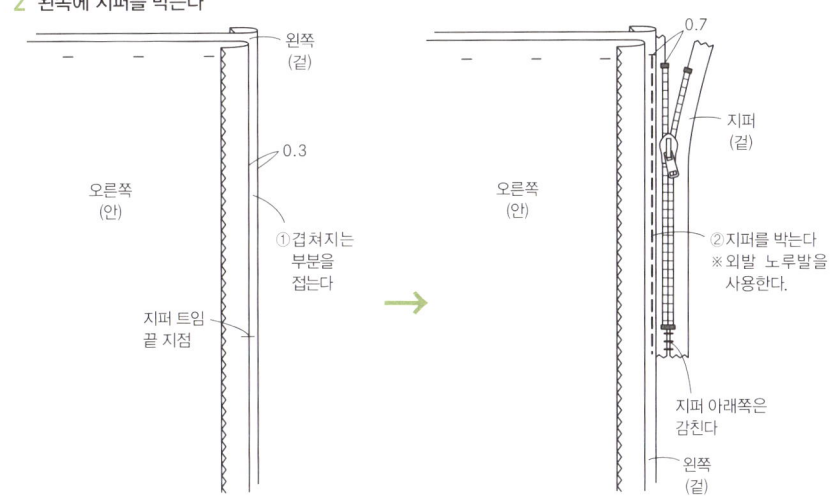

왼쪽
(겉)

①겉끼리 맞대고
지퍼 트임 끝 지
점까지 큰 땀으
로 박는다

오른쪽
(안)

2

지퍼 트임
끝 지점

되돌아박기

②지퍼 트임 끝 지점
아래를 보통 땀으
로 박는다   2

2 왼쪽에 지퍼를 박는다

왼쪽
(겉)

0.3

①겹쳐지는
부분을
접는다

지퍼 트임
끝 지점

0.7

지퍼
(겉)

오른쪽
(안)

②지퍼를 박는다
※외발 노루발을
사용한다.

지퍼 아래쪽은
감친다

왼쪽
(겉)

---

3 오른쪽에 지퍼를 박는다

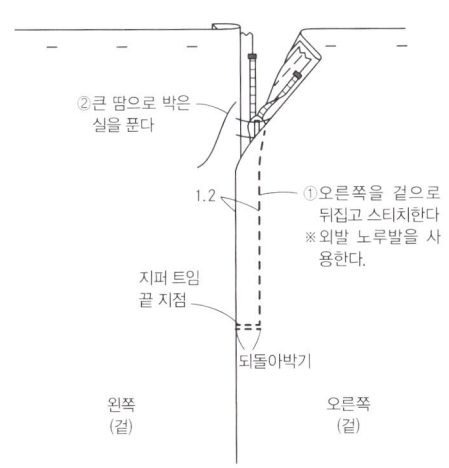

②큰 땀으로 박은
실을 푼다

1.2

①오른쪽을 겉으로
뒤집고 스티치한다
※외발 노루발을 사
용한다.

지퍼 트임
끝 지점

되돌아박기

왼쪽   오른쪽
(겉)   (겉)

4 지퍼 테이프 가장자리를 시접에 박아서 고정한다

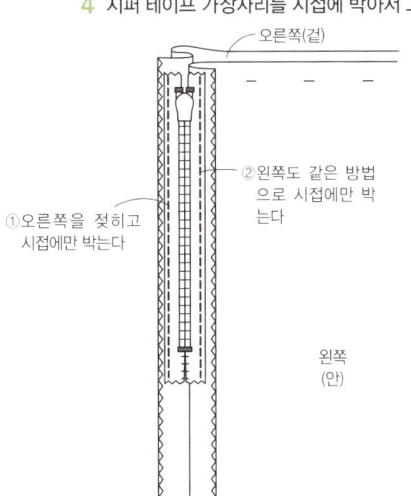

오른쪽(겉)

①오른쪽을 젖히고
시접에만 박는다

②왼쪽도 같은 방법
으로 시접에만 박
는다

왼쪽
(안)

● 프런트 지퍼

밑덧단과 안단을 단 본격적인 지퍼 트임입니다. 밑덧단과 안단
에 접착심을 붙이고 겉에서 스티치를 합니다.

준비 작업
※97페이지와 함께 보세요.

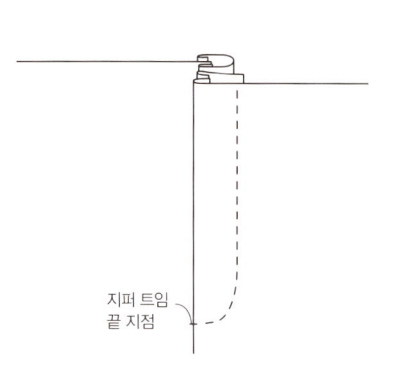
지퍼 트임
끝 지점

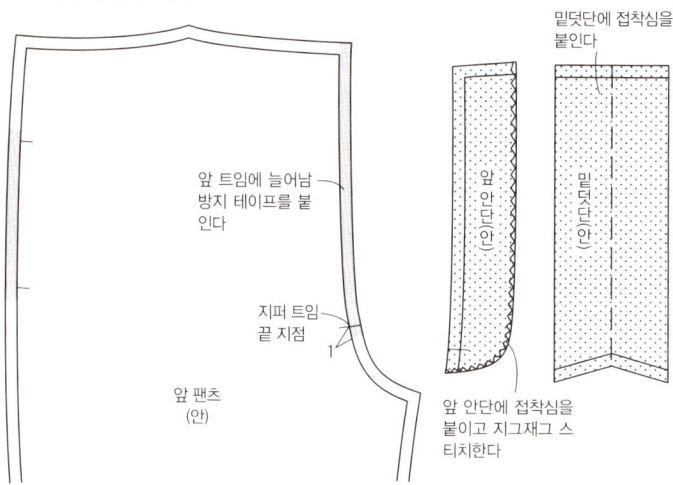
앞 트임에 늘어남
방지 테이프를 붙
인다

지퍼 트임
끝 지점

앞 팬츠
(안)

밑덧단에 접착심을
붙인다

앞 안단(안)

밑덧단(안)

앞 안단에 접착심을
붙이고 지그재그 스
티치한다

1 앞 안단을 단다

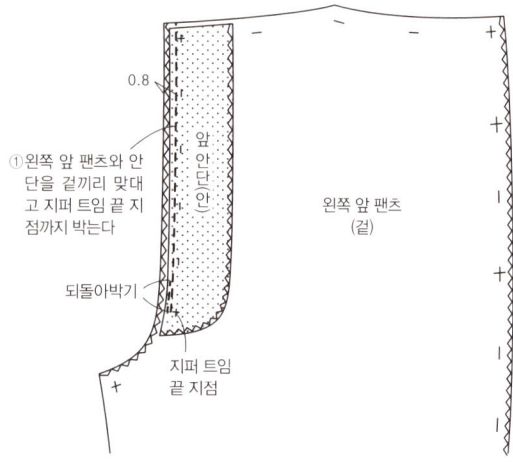
0.8

①왼쪽 앞 팬츠와 안
단을 겉끼리 맞대
고 지퍼 트임 끝 지
점까지 박는다

되돌아박기

지퍼 트임
끝 지점

앞 안단(안)

왼쪽 앞 팬츠
(겉)

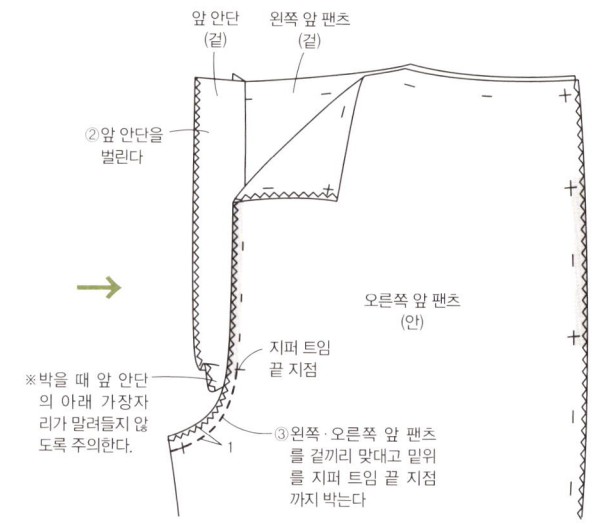
앞 안단
(겉)

왼쪽 앞 팬츠
(겉)

②앞 안단을
벌린다

오른쪽 앞 팬츠
(안)

지퍼 트임
끝 지점

※박을 때 앞 안단
의 아래 가장자
리가 말려들지 않
도록 주의한다.

③왼쪽·오른쪽 앞 팬츠
를 겉끼리 맞대고 밑위
를 지퍼 트임 끝 지점
까지 박는다

2 밑덧단을 만들어서 지퍼를 단다

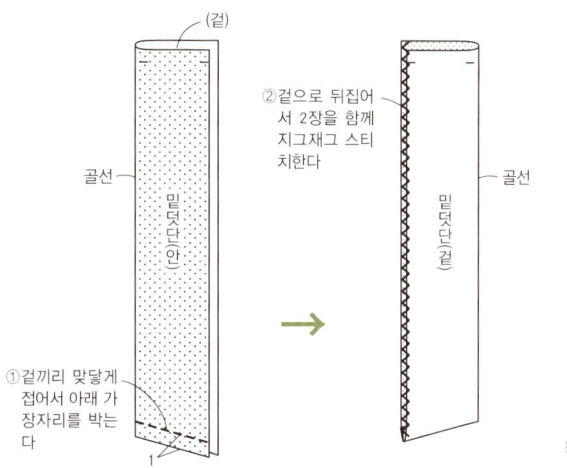
(겉)

골선

밑덧단(안)

①겉끼리 맞닿게
접어서 아래 가
장자리를 박는
다

②겉으로 뒤집어
서 2장을 함께
지그재그 스티
치한다

밑덧단(겉)

골선

③지퍼에
표시한다

0.8

지퍼
(겉)

0.8

※지퍼 안쪽에도 같은 방법으로 표시한다.

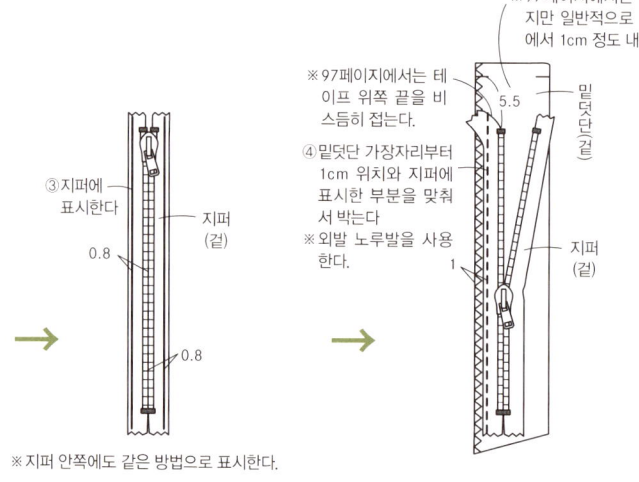
※97페이지에서는 5.5cm
지만 일반적으로 완성선
에서 1cm 정도 내린다.

※97페이지에서는 테
이프 위쪽 끝을 비
스듬히 접는다.

5.5

밑덧단(겉)

④밑덧단 가장자리부터
1cm 위치와 지퍼에
표시한 부분을 맞춰
서 박는다
※외발 노루발을 사용
한다.

지퍼
(겉)

3 팬츠에 밑덧단을 단다

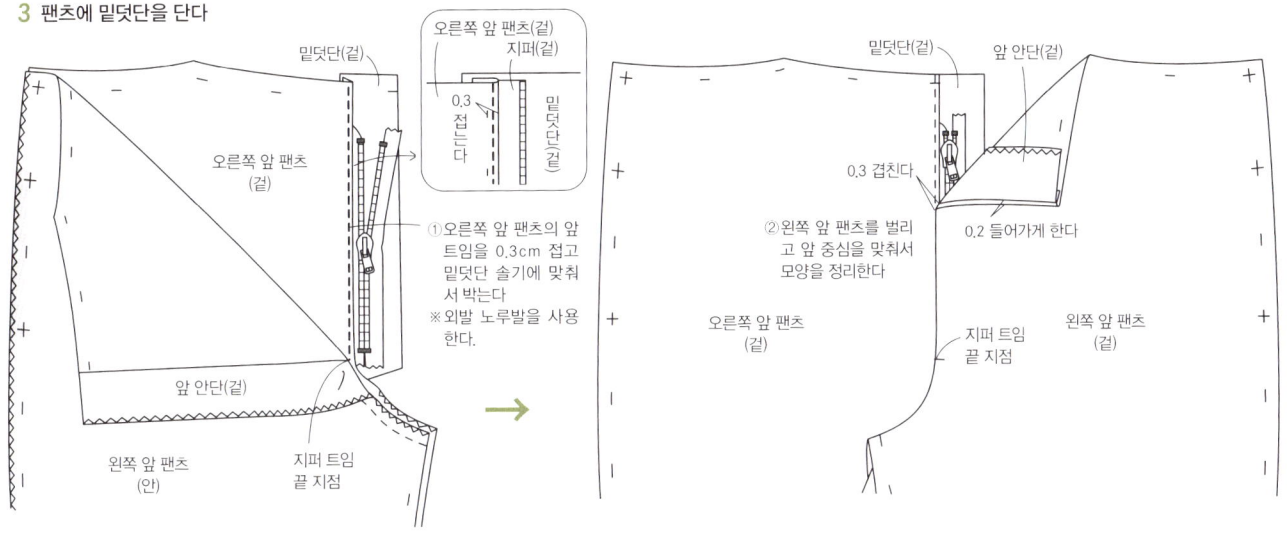

밑덧단(겉)

오른쪽 앞 팬츠(겉)
지퍼(겉)

0.3
접는다

밑덧단(겉)

오른쪽 앞 팬츠
(겉)

앞 안단(겉)

왼쪽 앞 팬츠
(안)

지퍼 트임
끝 지점

①오른쪽 앞 팬츠의 앞 트임을 0.3cm 접고 밑덧단 솔기에 맞춰서 박는다
※외발 노루발을 사용한다.

밑덧단(겉)

앞 안단(겉)

0.3 겹친다

0.2 들어가게 한다

②왼쪽 앞 팬츠를 벌리고 앞 중심을 맞춰서 모양을 정리한다

오른쪽 앞 팬츠
(겉)

지퍼 트임
끝 지점

왼쪽 앞 팬츠
(겉)

4 앞 안단에 지퍼를 박는다

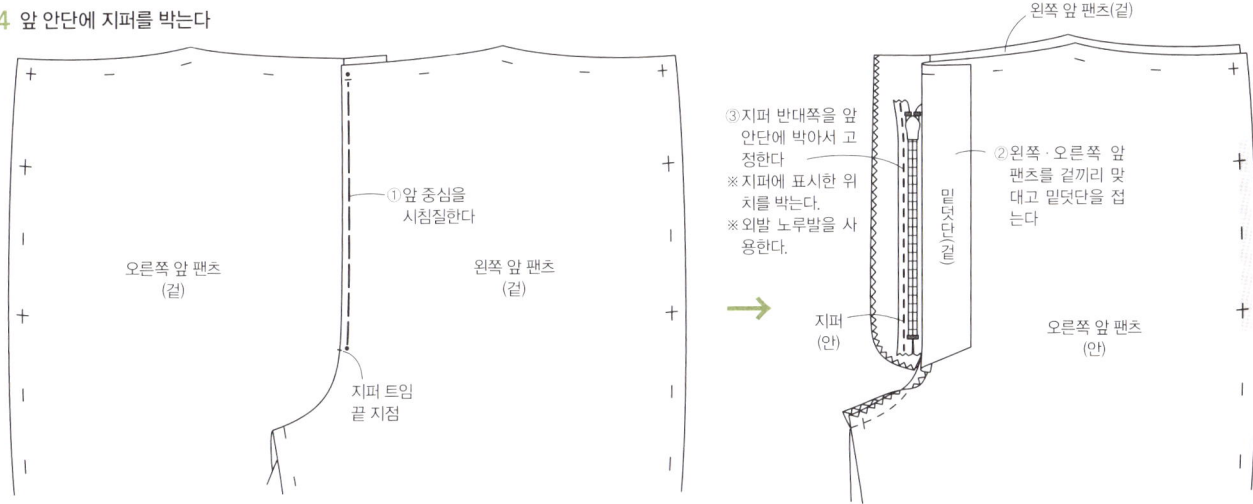

오른쪽 앞 팬츠
(겉)

①앞 중심을 시침질한다

왼쪽 앞 팬츠
(겉)

지퍼 트임
끝 지점

③지퍼 반대쪽을 앞 안단에 박아서 고정한다
※지퍼에 표시한 위치를 박는다.
※외발 노루발을 사용한다.

왼쪽 앞 팬츠(겉)

②왼쪽·오른쪽 앞 팬츠를 겉끼리 맞대고 밑덧단을 접는다

밑덧단(겉)

지퍼
(안)

오른쪽 앞 팬츠
(안)

5 앞 트임에 스티치한다 ※리본 단 와이드 팬츠(→P.97~99)는 허리 안단을 박은 뒤에 스티치한다.

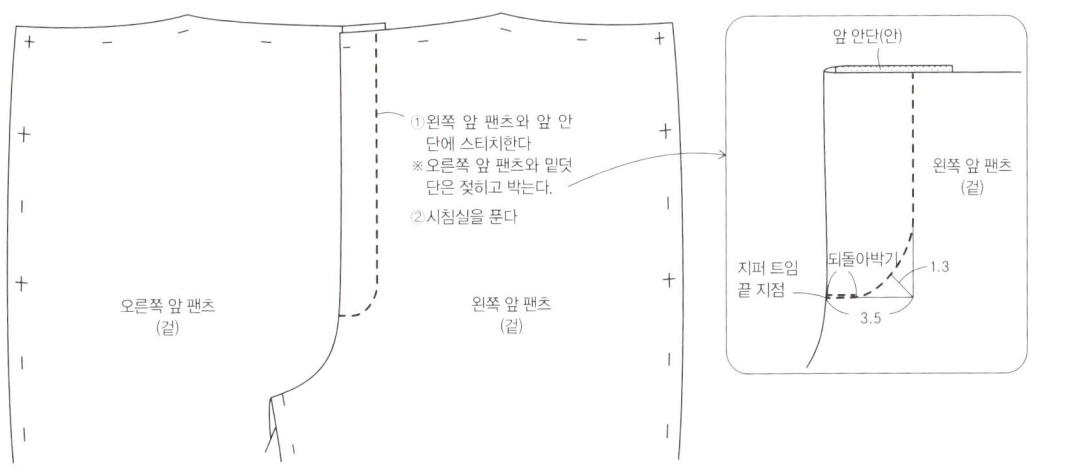

오른쪽 앞 팬츠
(겉)

①왼쪽 앞 팬츠와 앞 안단에 스티치한다
※오른쪽 앞 팬츠와 밑덧단은 젖히고 박는다.
②시침실을 푼다

왼쪽 앞 팬츠
(겉)

앞 안단(안)

왼쪽 앞 팬츠
(겉)

지퍼 트임
끝 지점

되돌아박기

1.3

3.5

주머니·플랩

장식성과 실용성을 두루 갖춘 주머니와 플랩은 모양이나 크기가 정해져 있지 않으니 좋아하는 디자인으로 만들거나
사용하기 편한 위치에 배치하는 등 다양하게 변형해 즐길 수 있는 부분입니다.

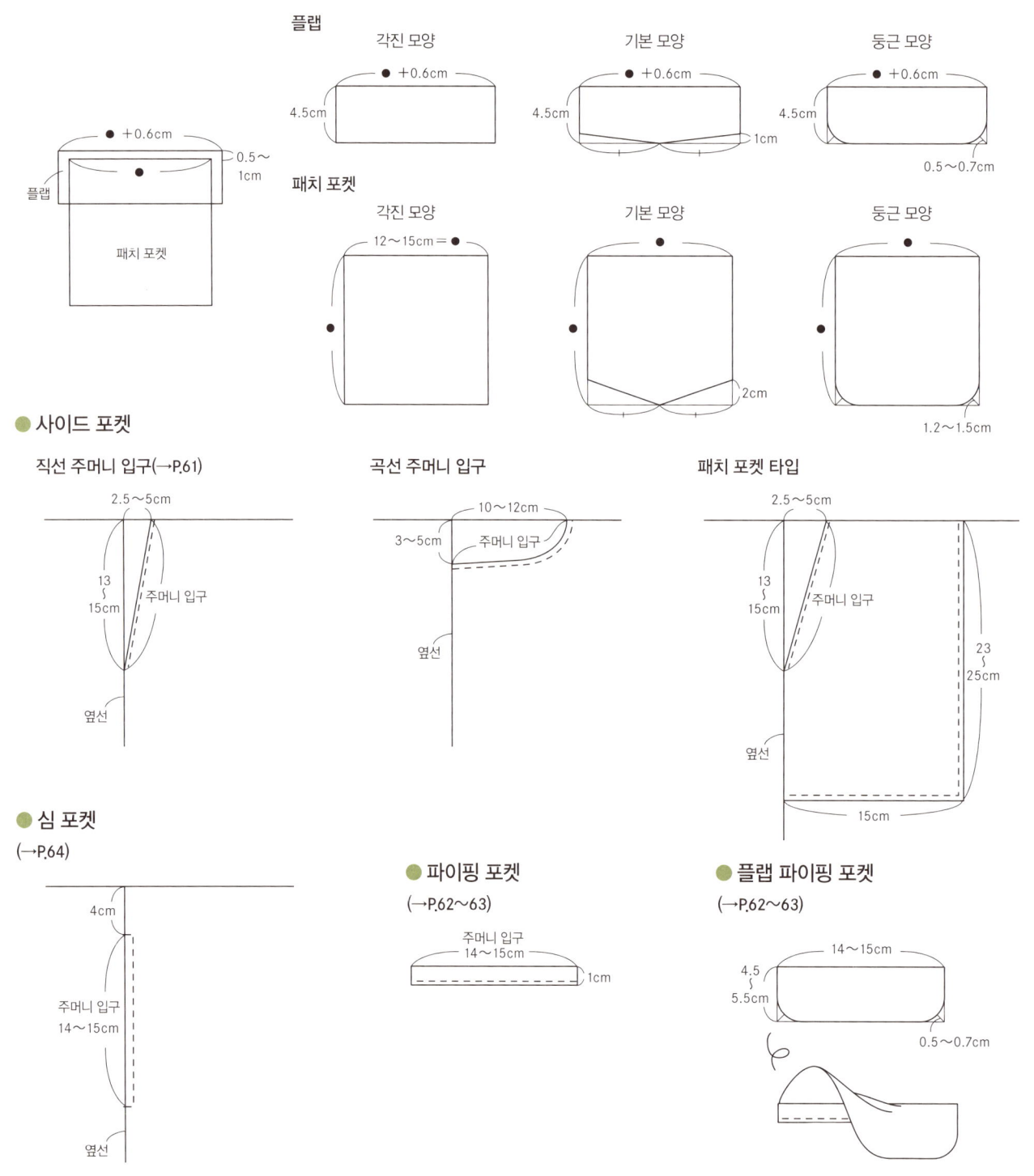

● 패치 포켓과 플랩

플랩

각진 모양　●+0.6cm　4.5cm

기본 모양　●+0.6cm　4.5cm　1cm

둥근 모양　●+0.6cm　4.5cm　0.5~0.7cm

●+0.6cm　플랩　0.5~1cm

패치 포켓

패치 포켓

각진 모양　12~15cm＝●

기본 모양　2cm

둥근 모양　1.2~1.5cm

● 사이드 포켓

직선 주머니 입구(→P.61)
2.5~5cm
13~15cm　주머니 입구
옆선

곡선 주머니 입구
10~12cm
3~5cm　주머니 입구
옆선

패치 포켓 타입
2.5~5cm
13~15cm　주머니 입구
23~25cm
옆선
15cm

● 심 포켓

(→P.64)

4cm
주머니 입구
14~15cm
옆선

● 파이핑 포켓

(→P.62~63)

주머니 입구
14~15cm
1cm

● 플랩 파이핑 포켓

(→P.62~63)

14~15cm
4.5~5.5cm
0.5~0.7cm

● 사이드 포켓

앞판 옆선 쪽에 만드는 주머니로 절개선을 넣은 것처럼 보입니다. 주머닛감을 옷과 같은 원단으로 하면 주머니 밑판은 생략할 수도 있지만, 주머닛감(안감이나 자투리천 같은 얇은 원단)에 주머니 밑판(옷과 같은 원단)을 달면 두꺼운 원단으로도 만들 수 있습니다.

준비 작업 ※102페이지와 함께 보세요.

2.5~5cm

13~15cm

주머니 입구

옆선

주머니 입구에 늘 어남 방지 테이프를 붙인다

앞 팬츠
(안)

주머니 밑판
(안)

주머니 밑판에 접착심을 붙이고 지그재그 스티치한다

---

1 주머닛감에 주머니 밑판을 박는다

주머니 밑판
(겉)

0.5

주머닛감
(겉)

주머닛감의 옆선 쪽에 주머니 밑판을 박는다

2 주머니 입구를 박는다

0.9

①주머닛감과 앞 팬츠를 겉끼리 맞대고 주머니 입구를 박는다

주머닛감
(안)

앞 팬츠
(겉)

0.1 들어가게 한다

주머닛감
(겉)

②주머닛감을 겉으로 넘기고 스티치한다

0.2

앞 팬츠
(겉)

---

3 주머닛감 바닥을 박는다

골선

주머닛감
(겉)

앞 팬츠
(안)

0.5

(안)

①주머닛감을 안끼리 맞닿게 접어서 박는다

(안)

골선

주머닛감
(안)

앞 팬츠
(안)

1

②주머닛감을 겉끼리 맞닿게 다시 접어서 바닥을 박는다
(통솔)

---

4 주머닛감을 박아서 고정한다

0.7   임시 고정

앞 팬츠
(안)

주머닛감
(안)

0.7

①주머닛감을 원래대로 되돌려놓고 허리선과 옆선 시접에 임시 고정한다

〈겉에서 본 그림〉

주머니 밑판
(겉)

앞 팬츠
(겉)

● 파이핑 포켓·플랩 파이핑 포켓

파이핑 포켓은 원단에 가위집을 넣어서 만듭니다. 가위집을 넣었기
때문에 주머니 입구는 접착심을 붙여서 보강합니다.
※파이핑 포켓은 플랩 만드는 과정을 생략합니다.

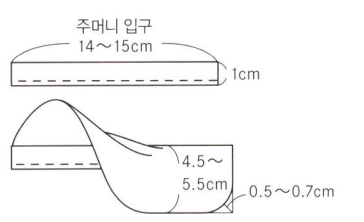

주머니 입구
14~15cm
1cm
4.5~
5.5cm
0.5~0.7cm

준비 작업

※94페이지와 함께 보세요.

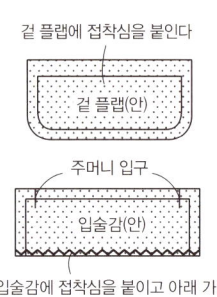

겉 플랩에 접착심을 붙인다
겉 플랩(안)
주머니 입구
입술감(안)
입술감에 접착심을 붙이고 아래 가장
자리에 지그재그 스티치한다

주머니 입구   위쪽
1
1   아래쪽
주머니 입구에 접착심을 붙인다
바탕감
(안)

1 플랩을 만든다

※파이핑 포켓은 이 과정을 생략한다.

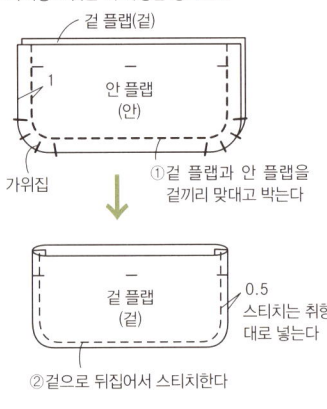

겉 플랩(겉)
안 플랩
(안)
1
가위집
①겉 플랩과 안 플랩을
겉끼리 맞대고 박는다

겉 플랩
(겉)
0.5
스티치는 취향
대로 넣는다
②겉으로 뒤집어서 스티치한다

2 입술감을 박는다

①주머니 입구를 맞대고 안 주머닛감을
시침핀으로 고정한다

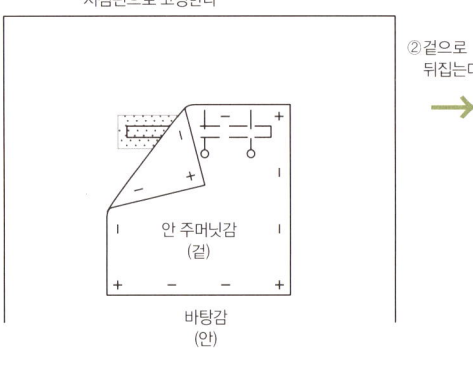

안 주머닛감
(겉)
바탕감
(안)

②겉으로
뒤집는다

③주머니 입구의 아래쪽에 입술감을 겉끼리 맞대고
주머니 입구 아래쪽을 박는다

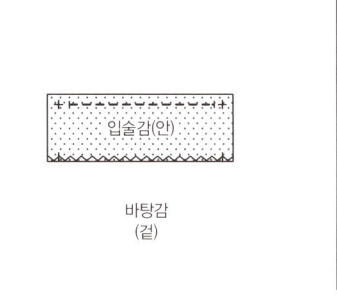

입술감(안)
바탕감
(겉)

3 플랩을 단다   ※파이핑 포켓은 이 과정을 생략한다.

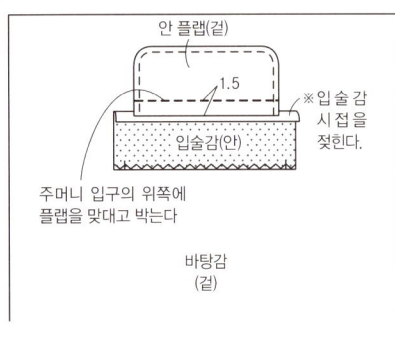

안 플랩(겉)
1.5
입술감(안)
※입술감
시접을
젖힌다.
주머니 입구의 위쪽에
플랩을 맞대고 박는다
바탕감
(겉)

〈안에서 본 그림〉

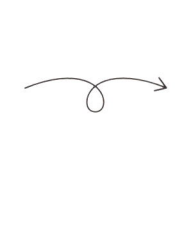

안 주머닛감
(겉)
바탕감
(안)

4 가위집을 넣는다

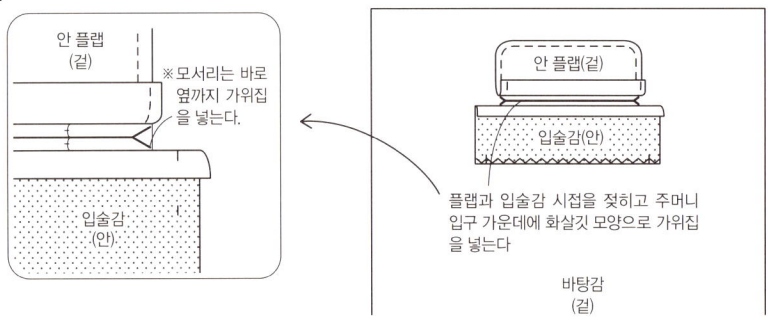

안 플랩
(겉)
※모서리는 바로
옆까지 가위집
을 넣는다.
입술감
(안)

안 플랩(겉)
입술감(안)
플랩과 입술감 시접을 젖히고 주머니
입구 가운데에 화살깃 모양으로 가위집
을 넣는다
바탕감
(겉)

5 입술감을 안으로 끌어낸다

①주머니 입구 양 끝의 세모난 부분을
다려서 제대로 접는다

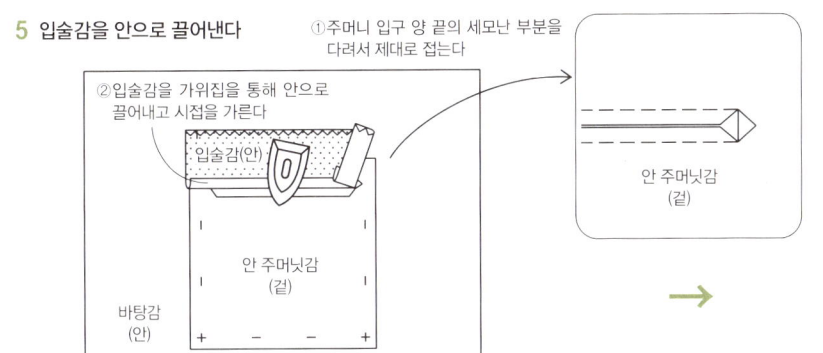

②입술감을 가위집을 통해 안으로
끌어내고 시접을 가른다

입술감(안)

안 주머닛감
(겉)

바탕감
(안)

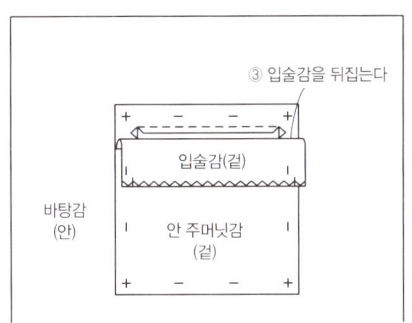

③ 입술감을 뒤집는다

입술감(겉)

안 주머닛감
(겉)

바탕감
(안)

6 파이핑을 정리한다

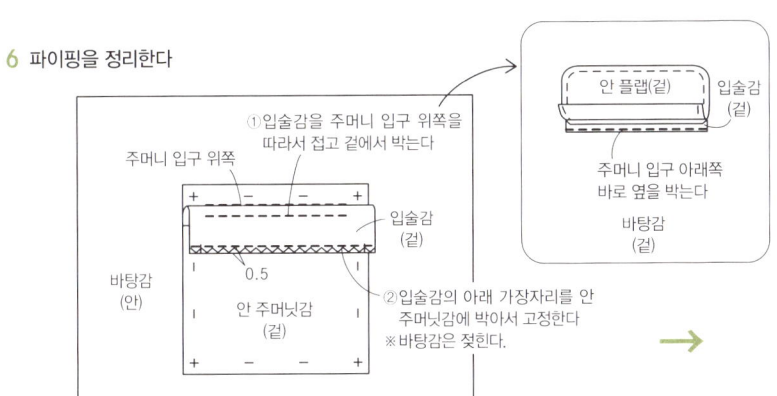

①입술감을 주머니 입구 위쪽을
따라서 접고 겉에서 박는다

주머니 입구 위쪽

입술감
(겉)

0.5

바탕감
(안)

안 주머닛감
(겉)

②입술감의 아래 가장자리를 안
주머닛감에 박아서 고정한다
※바탕감은 젖힌다.

안 플랩(겉)　입술감
(겉)

주머니 입구 아래쪽
바로 옆을 박는다

바탕감
(겉)

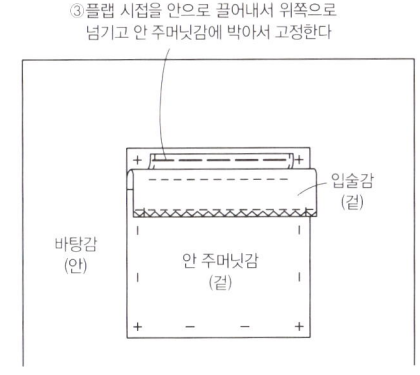

③플랩 시접을 안으로 끌어내서 위쪽으로
넘기고 안 주머닛감에 박아서 고정한다

입술감
(겉)

바탕감
(안)

안 주머닛감
(겉)

7 겉 주머닛감을 박는다

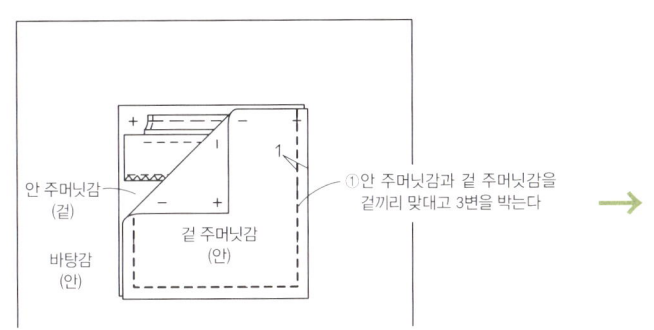

안 주머닛감
(겉)

겉 주머닛감
(안)

바탕감
(안)

1

①안 주머닛감과 겉 주머닛감을
겉끼리 맞대고 3변을 박는다

②바탕감을 젖히고 주머닛감의 위쪽(주머니
입구 위쪽의 바로 옆)을 박는다

안 주머닛감(안)　　겉 주머닛감(겉)

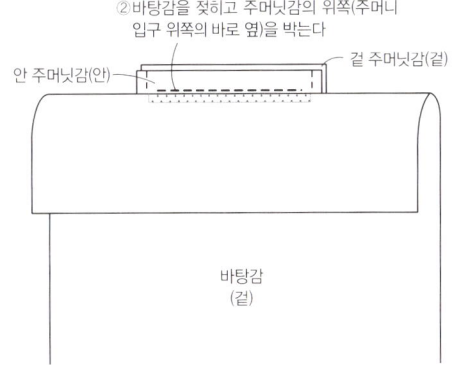

바탕감
(겉)

8 주머니 입구 양 끝을 박는다

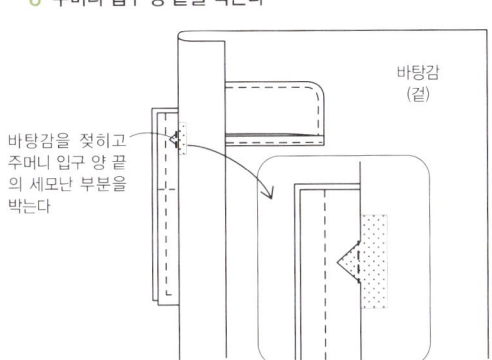

바탕감을 젖히고
주머니 입구 양 끝
의 세모난 부분을
박는다

바탕감
(겉)

9 주머닛감 둘레를 처리한다

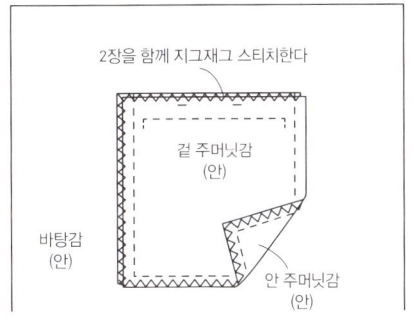

2장을 함께 지그재그 스티치한다

겉 주머닛감
(안)

바탕감
(안)

안 주머닛감
(안)

〈겉에서 본 그림〉

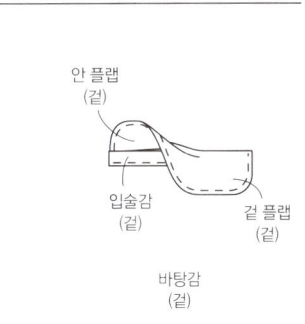

안 플랩
(겉)

입술감
(겉)

겉 플랩
(겉)

바탕감
(겉)

● 심 포켓

옆선 솔기를 이용해 만든 주머니. 주머닛감 모양은 곡선이나 사각 등 다양합니다. 여기서는 1장으로 간단하게 만드는 방법을 소개합니다.

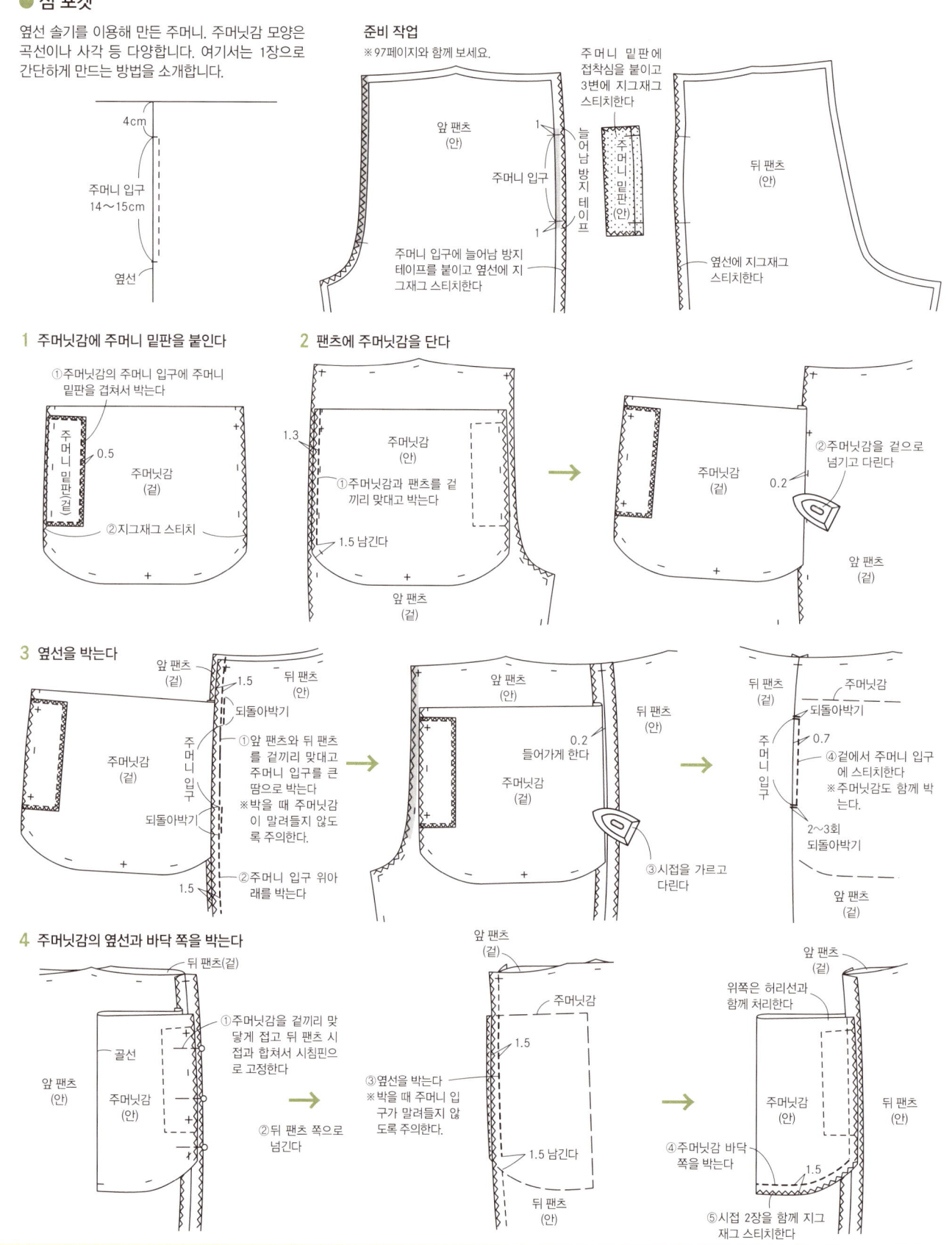

준비 작업
※97페이지와 함께 보세요.

4cm
주머니 입구 14~15cm
옆선

앞 팬츠 (안)
주머니 입구
늘어남 방지 테이프
주머니 밑판에 접착심을 붙이고 3변에 지그재그 스티치한다
주머니 밑판 (안)
주머니 입구에 늘어남 방지 테이프를 붙이고 옆선에 지그재그 스티치한다
뒤 팬츠 (안)
옆선에 지그재그 스티치한다

1 주머닛감에 주머니 밑판을 붙인다

①주머닛감의 주머니 입구에 주머니 밑판을 겹쳐서 박는다
주머니 밑판 (겉)
0.5
주머닛감 (겉)
②지그재그 스티치

2 팬츠에 주머닛감을 단다

1.3
주머닛감 (안)
①주머닛감과 팬츠를 겉끼리 맞대고 박는다
1.5 남긴다
앞 팬츠 (겉)

주머닛감 (겉)
0.2
②주머닛감을 겉으로 넘기고 다린다
앞 팬츠 (겉)

3 옆선을 박는다

앞 팬츠 (겉)
1.5
뒤 팬츠 (안)
되돌아박기
주머니 입구
①앞 팬츠와 뒤 팬츠를 겉끼리 맞대고 주머니 입구를 큰 땀으로 박는다 ※박을 때 주머닛감이 말려들지 않도록 주의한다.
주머닛감 (겉)
되돌아박기
②주머니 입구 위아래를 박는다
1.5

앞 팬츠 (안)
0.2 들어가게 한다
주머닛감 (겉)
뒤 팬츠 (안)
③시접을 가르고 다린다

뒤 팬츠 (겉)
주머닛감
되돌아박기
0.7
주머니 입구
④겉에서 주머니 입구에 스티치한다 ※주머닛감도 함께 박는다.
2~3회 되돌아박기
앞 팬츠 (겉)

4 주머닛감의 옆선과 바닥 쪽을 박는다

뒤 팬츠(겉)
앞 팬츠 (안)
골선
주머닛감 (안)
①주머닛감을 겉끼리 맞닿게 접고 뒤 팬츠 시접과 합쳐서 시침핀으로 고정한다
②뒤 팬츠 쪽으로 넘긴다

앞 팬츠 (겉)
주머닛감
1.5
③옆선을 박는다 ※박을 때 주머니 입구가 말려들지 않도록 주의한다.
1.5 남긴다
뒤 팬츠 (안)

앞 팬츠 (겉)
위쪽은 허리선과 함께 처리한다
주머닛감 (안)
뒤 팬츠 (안)
④주머닛감 바닥 쪽을 박는다
1.5
⑤시접 2장을 함께 지그재그 스티치한다

Sewing Pattern Book III

Pants
팬츠

팬츠는 가랑이부터 둘로 나뉘어서 다리를 한쪽씩 감싸는 모양의 옷입니다.

여기서는 팬츠 길이를 복사뼈까지 오는 10부 길이로 하고 스트레이트, 슬림, 와이드, 플레어 등 4가지 실루엣을 바탕으로
허리를 벨트 타입, 앞 벨트·뒤 고무밴드 타입, 전체 고무밴드 타입, 이렇게 3가지로 디자인한 팬츠를 소개합니다.

벨트 타입은 허리에 딱 맞기 때문에 입고 벗기 위해서 트임이 필요합니다.

앞 벨트·뒤 고무밴드 타입은 앞은 허리벨트를 달아서 딱 맞게 하고
뒤에만 고무밴드를 넣은 타입으로 트임을 만들지 않고도 입고 벗을 수 있습니다.

전체 고무밴드 타입은 허리둘레 전체에 고무밴드가 들어가서 취향에 맞는 사이즈로 조절할 수 있습니다.

착용감과 예쁜 실루엣에 공을 들인 팬츠 패턴을 활용해보세요.

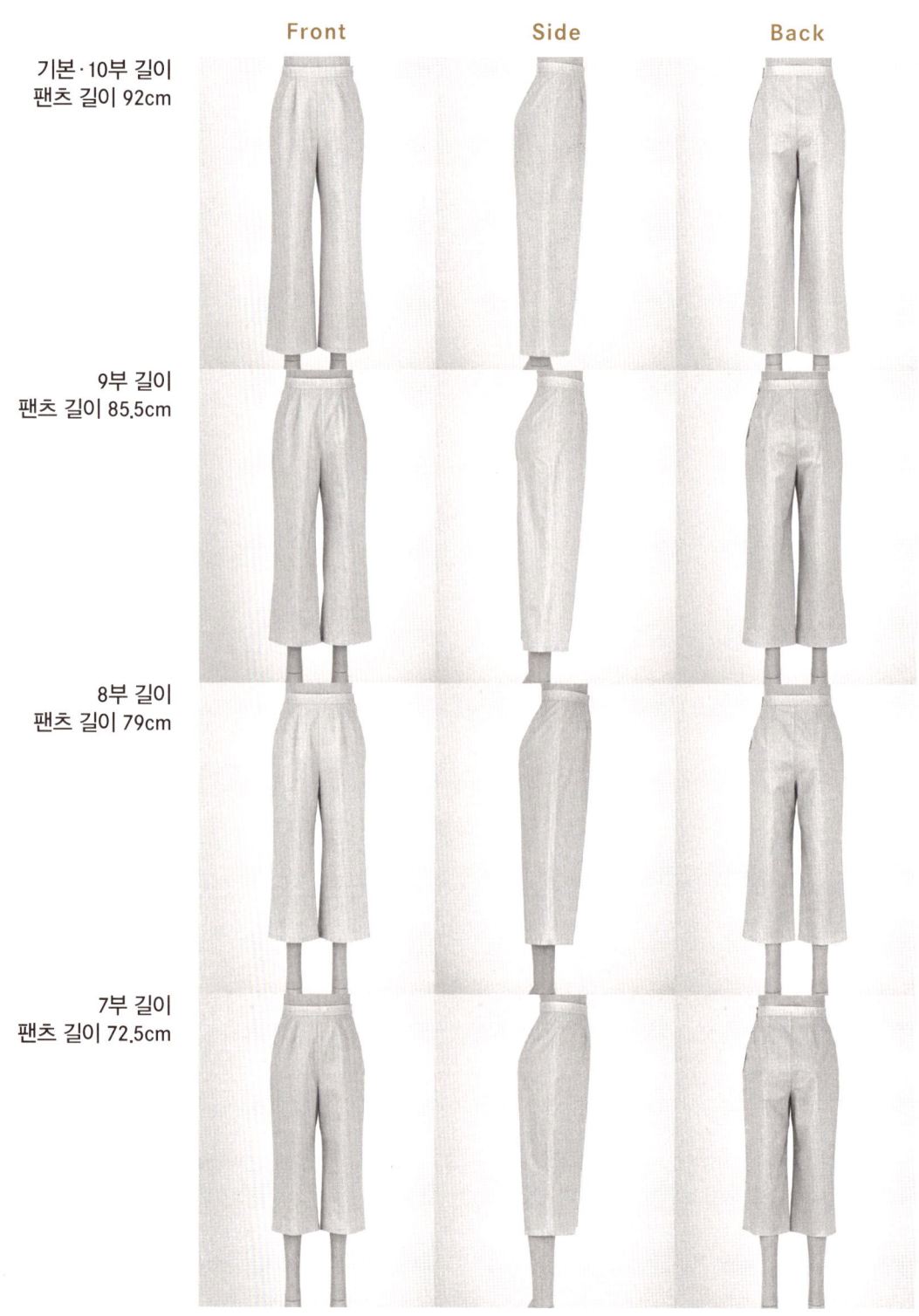

스트레이트

앞뒤 팬츠에 각각 다트를 2줄 넣은 스트레이트 팬츠. 무릎 아래부터 똑바로 떨어지는 라인으로 된 가장 기본적인 디자인입니다.
스트레이트 팬츠를 기본 팬츠(9호 : 팬츠 길이 92cm)로 해 팬츠 길이를 단계적으로 다르게 했습니다.

Front **Side** **Back**

기본·10부 길이
팬츠 길이 92cm

9부 길이
팬츠 길이 85.5cm

8부 길이
팬츠 길이 79cm

7부 길이
팬츠 길이 72.5cm

Pattern

※○안의 숫자는 시접, 정해진 곳 외의 시접은 1cm.
※▨는 접착심을 붙인다.
※허리벨트는 왼쪽 옆선 트임일 때.
※트임은 적절히 넣는다.

기본·10부 길이 ※7~9부 길이도 같다.

【F】〈팬츠·허리벨트〉 벨트 타입

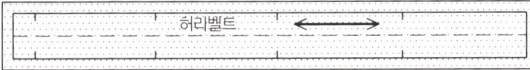

허리벨트

【D】뒤 팬츠 기본　　【E】앞 팬츠 기본

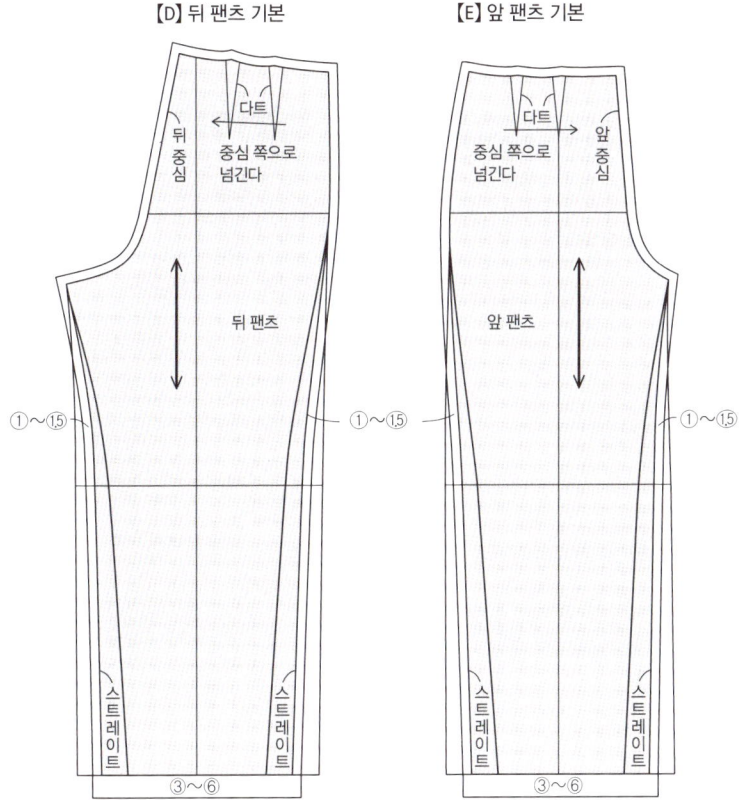

one point 팬츠 길이의 차이

팬츠 길이를 늘이는(줄이는) 것만으로도 느낌이 달라지기 때문에 변형 폭이 넓어집니다. 9호 팬츠 길이 92cm(10부 길이)를 기본으로 해 범용성 높은 팬츠 길이를 표시했습니다. 팬츠 길이는 앞 팬츠 가운데의 세로 안내선을 기준으로 해 허리선부터 밑단까지 길이입니다.

72.5cm	7부 길이
79cm	8부 길이
85.5cm	9부 길이
92cm	10부 길이 (복사뼈 길이)

one point 센터 프레스

바지통 가운데에 칼주름을 잡은 센터 프레스 팬츠는 단정한 느낌도 있고 강약이 있는 옷차림이 가능합니다. 프레스 위치는 앞뒤 모두 세로 가운데 안내선에 주름을 잡습니다.

Front　　**Side**　　**Back**

슬림

스트레이트(→P.66)에서 변형한 팬츠로 엉덩이둘레부터 밑단에 걸쳐서 좁힌 디자인.
밑단 폭이 좁으므로 날카로운 인상을 주지만 허리둘레의 여유분은 스트레이트와 같습니다.

Front **Side** **Back**

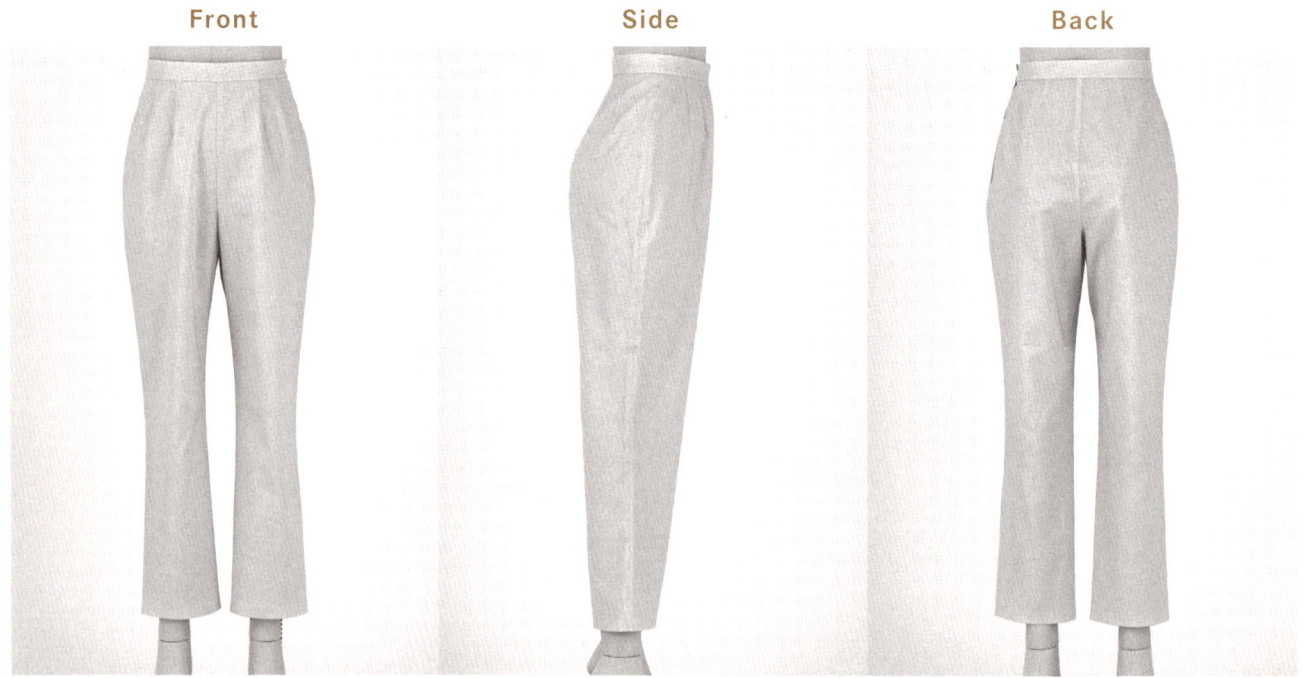

Pattern

※○안의 숫자는 시접. 정해진 곳 외의 시접은 1cm.
※▒▒▒는 접착심을 붙인다.
※허리벨트는 왼쪽 옆선 트임일 때.
※트임은 적절히 넣는다.

【F】〈팬츠·허리벨트〉 벨트 타입

허리벨트

【D】 뒤 팬츠 기본   【E】 앞 팬츠 기본

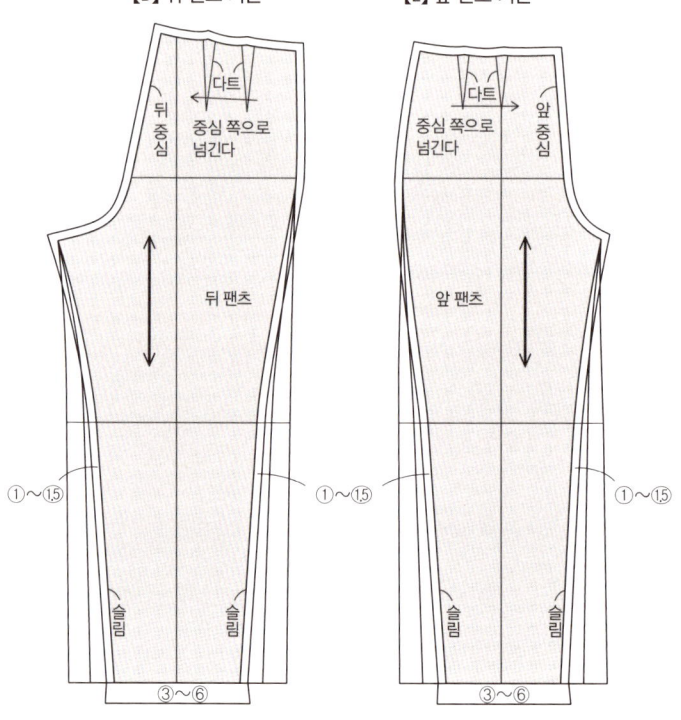

벨트 타입

와이드

스트레이트(→P.66)에서 변형한 팬츠로 엉덩이둘레부터 밑단까지 똑바로 떨어지는 느낌의 디자인.
밑단 폭은 넓어지지만, 허리둘레의 여유분은 스트레이트와 같습니다.

Front   Side   Back

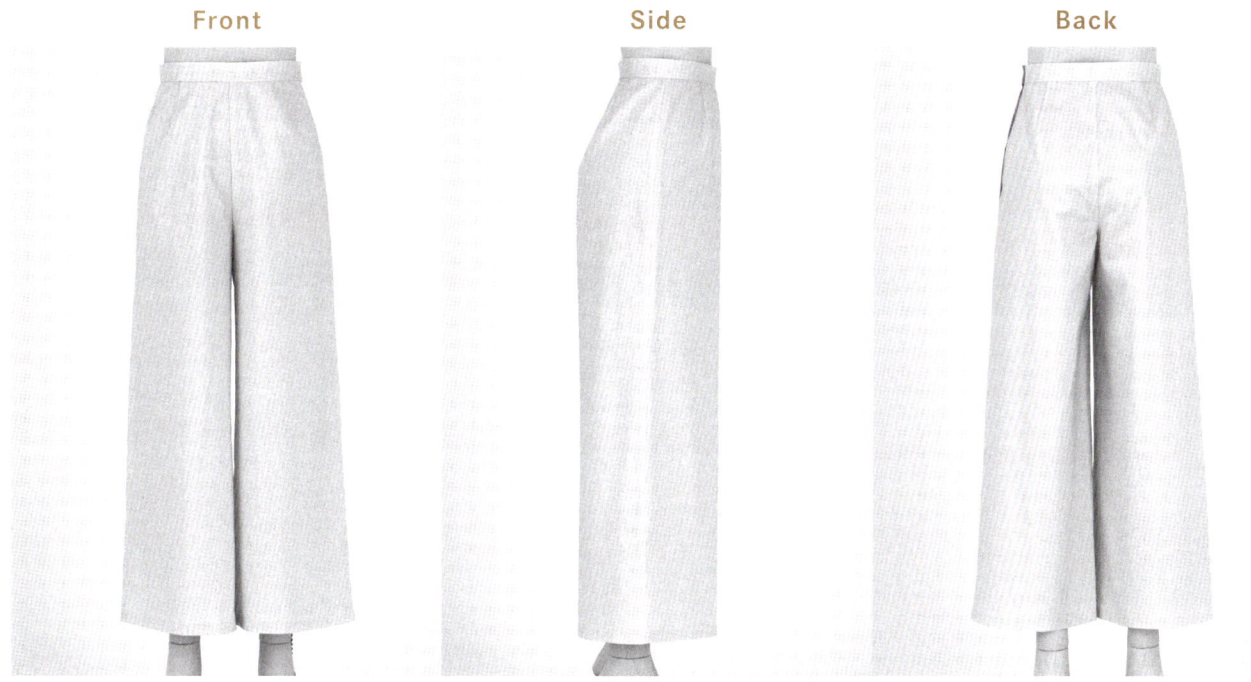

Pattern

※○안의 숫자는 시접, 정해진 곳 외의 시접은 1cm.
※▨▨▨는 접착심을 붙인다.
※허리벨트는 왼쪽 옆선 트임일 때.
※트임은 적절히 넣는다.

【F】〈팬츠·허리벨트〉 벨트 타입

| 허리벨트 ←→ |

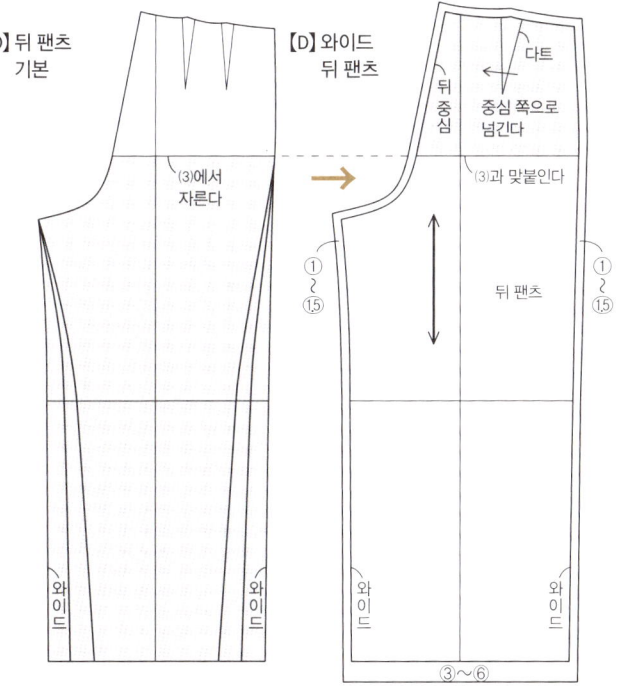

【D】뒤 팬츠 기본 → 【D】와이드 뒤 팬츠

(3)에서 자른다

뒤 중심

다트
중심 쪽으로 넘긴다

(3)과 맞붙인다

뒤 팬츠

와이드   와이드

③~⑥

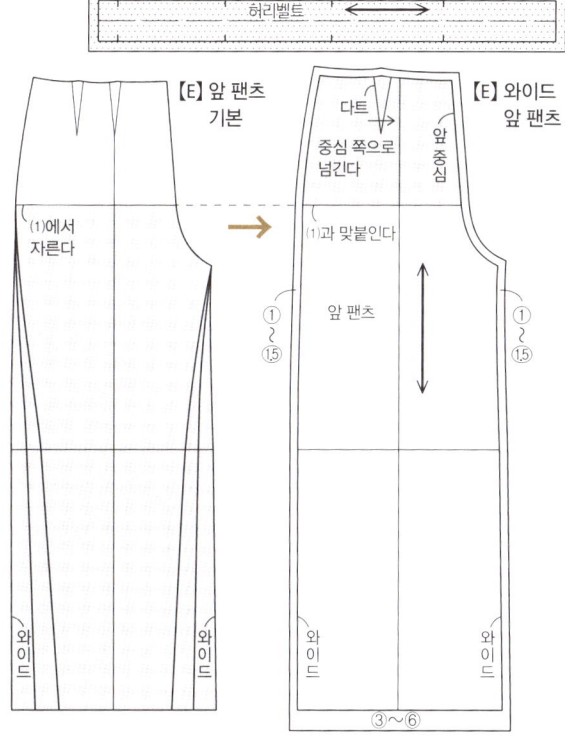

【E】앞 팬츠 기본 → 【E】와이드 앞 팬츠

(1)에서 자른다

다트
중심 쪽으로 넘긴다

앞 중심

(1)과 맞붙인다

앞 팬츠

와이드   와이드

③~⑥

플레어

팬츠 전체에 플레어가 들어가 볼륨 있는 디자인. 다트는 없고 허리둘레는 산뜻합니다.
움직임에 맞춰 흔들리는 라인을 즐길 수 있습니다.

Front	Side	Back

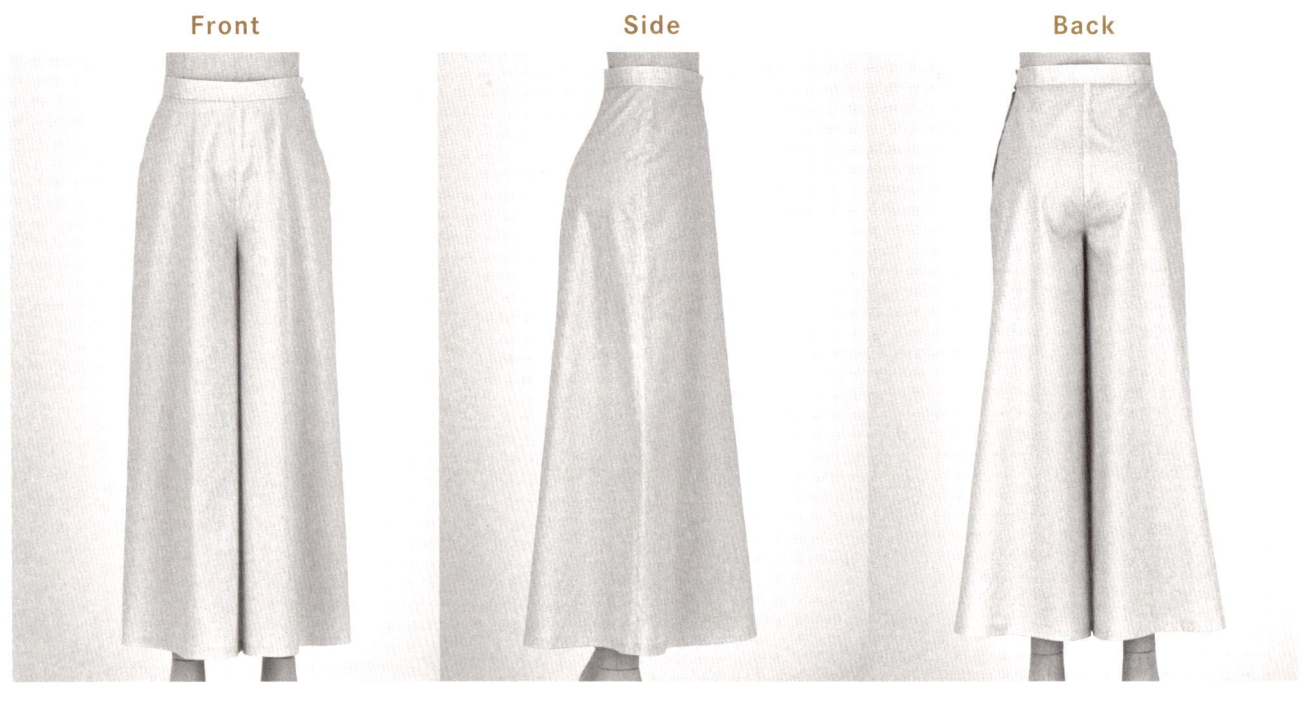

Pattern

※○안의 숫자는 시접, 정해진 곳 외의 시접은 1cm.
※▒▒▒는 접착심을 붙인다.
※허리벨트는 왼쪽 옆선 트임일 때.
※트임은 적절히 넣는다.

【F】〈팬츠 · 허리벨트〉 벨트 타입

허리벨트 ←→

【D】플레어 뒤 팬츠　　【F】플레어 앞 팬츠

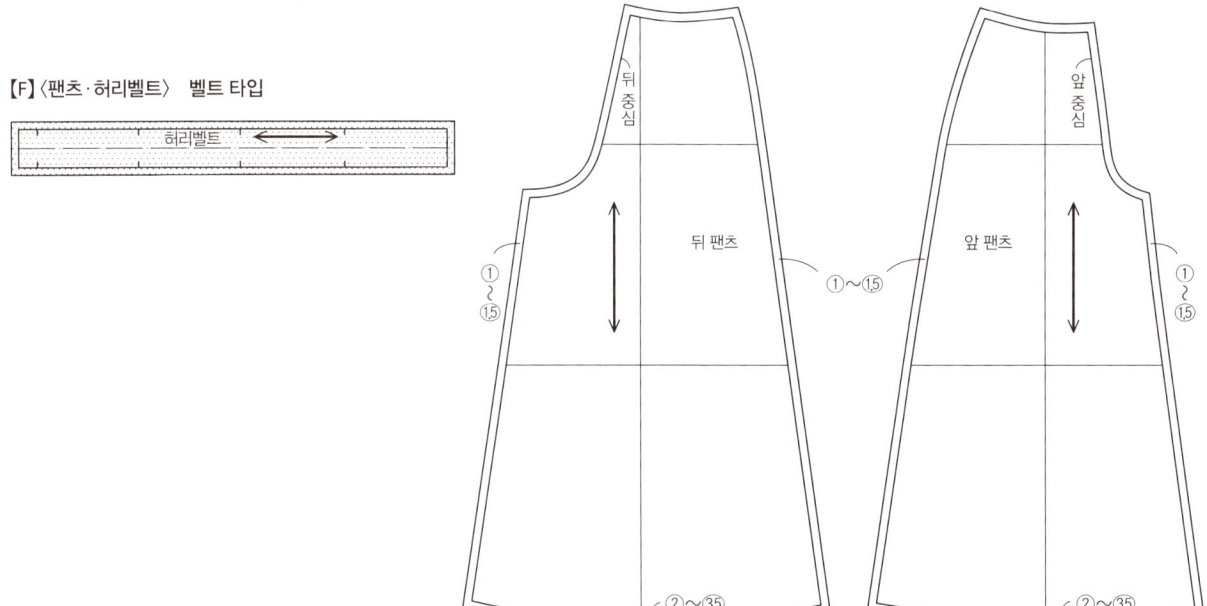

뒤 중심　앞 중심

뒤 팬츠　앞 팬츠

① ~ ⑴.5

② ~ ⑶.5

벨트 타입

와이드·턱 1줄(안쪽 방향 깊은 턱)

와이드(→P.69)에서 변형한 팬츠로 앞뒤 허리에 안쪽 방향 깊은 턱을 각각 1줄 넣은 디자인입니다.
기본 팬츠를 좁히는 위치에서 자르고 턱 부분과 이었습니다.

벨트 타입

Front	Side	Back

Pattern

※ ○안의 숫자는 시접. 정해진 곳 외의 시접은 1cm.
※ ▨는 접착심을 붙인다.
※ 허리벨트는 왼쪽 옆선 트임일 때.
※ 트임은 적절히 넣는다.

【F】〈팬츠·허리벨트〉 벨트 타입

허리벨트

【D】뒤 팬츠 기본 　　【E】와이드·턱 1줄(안쪽 방향 깊은 턱) 뒤 팬츠

뒤 중심

①~⑮

뒤 팬츠

(4)에서 자른다

(4)와 맞붙인다

와이드 / 와이드

③~⑥

【E】앞 팬츠 기본 　　【E】와이드·턱 1줄(안쪽 방향 깊은 턱) 앞 팬츠

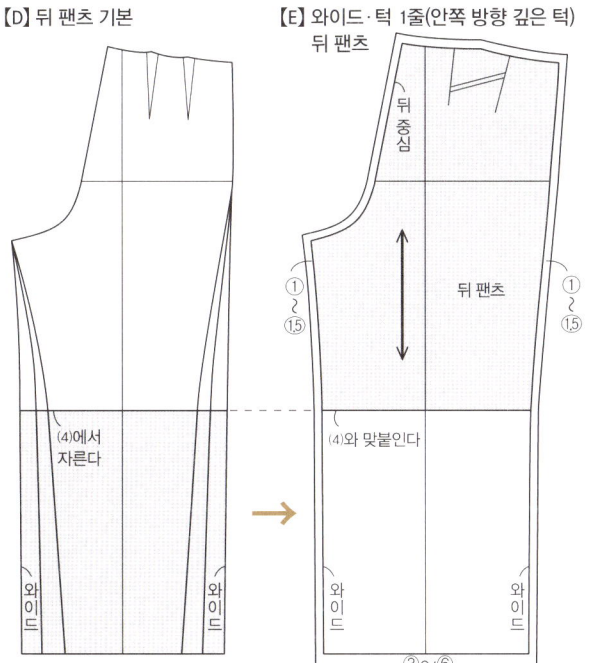

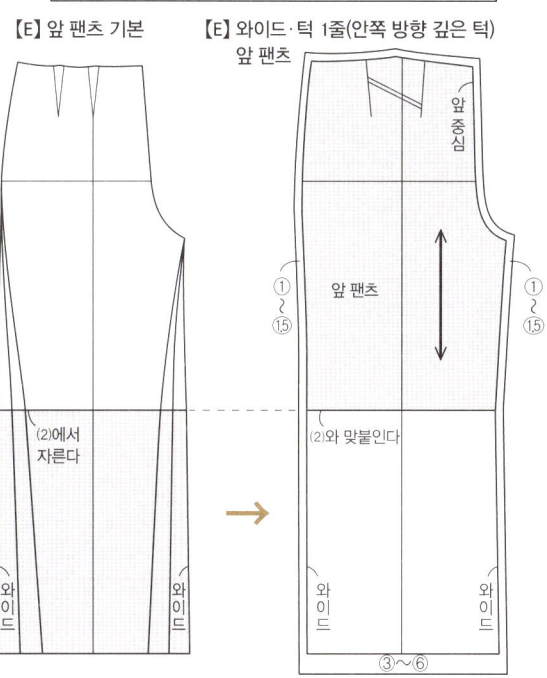

앞 중심

①~⑮

앞 팬츠

(2)에서 자른다

(2)와 맞붙인다

와이드 / 와이드

③~⑥

스트레이트·턱 2줄(안쪽 방향 턱)

스트레이트(→P.66)에서 변형한 팬츠로 앞뒤 허리에 안쪽 방향 턱을 각각 2줄 넣은 디자인입니다.
기본 팬츠를 좁히는 위치에서 자르고 턱 부분과 이었습니다.

Front　　　　　**Side**　　　　　**Back**

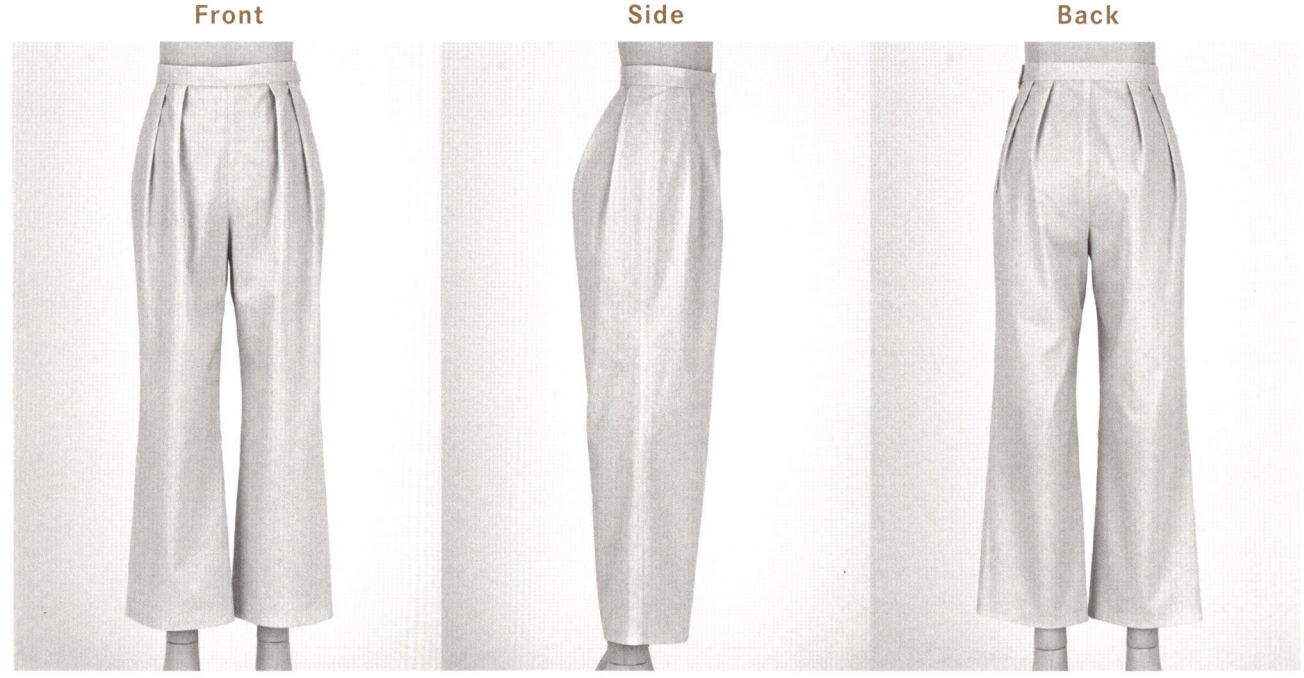

Pattern

※○안의 숫자는 시접. 정해진 곳 외의 시접은 1cm.
※▨▨는 접착심을 붙인다.
※허리벨트는 왼쪽 옆선 트임일 때.
※트임은 적절히 넣는다.

【F】〈팬츠·허리벨트〉　벨트 타입

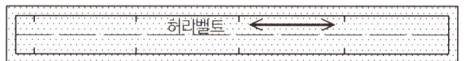

허리벨트

【D】뒤 팬츠 기본　　【A】스트레이트·턱 2줄 뒤 팬츠　　【E】앞 팬츠 기본　　【E】스트레이트·턱 2줄 앞 팬츠

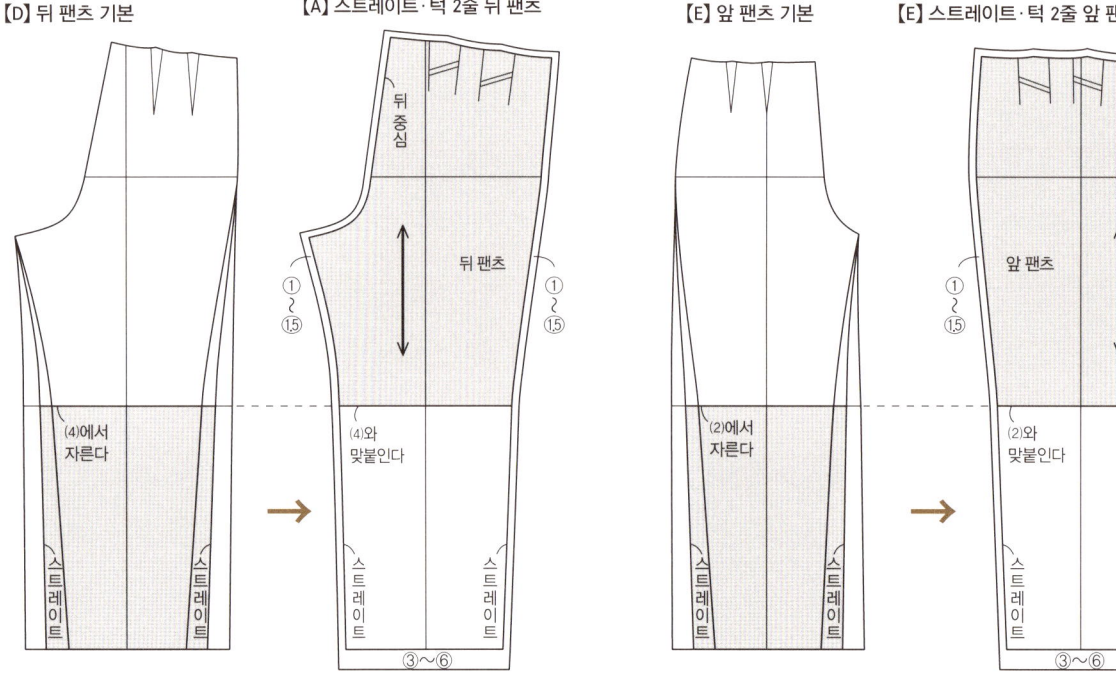

벨트 타입

스트레이트·턱 2줄(바깥 방향 턱)

스트레이트(→P.66)에서 변형한 팬츠로 앞뒤 허리에 바깥 방향 턱을 각각 2줄 넣은 디자인입니다.
기본 팬츠를 좁히는 위치에서 자르고 턱 부분과 이었습니다.

벨트 타입

Front	Side	Back

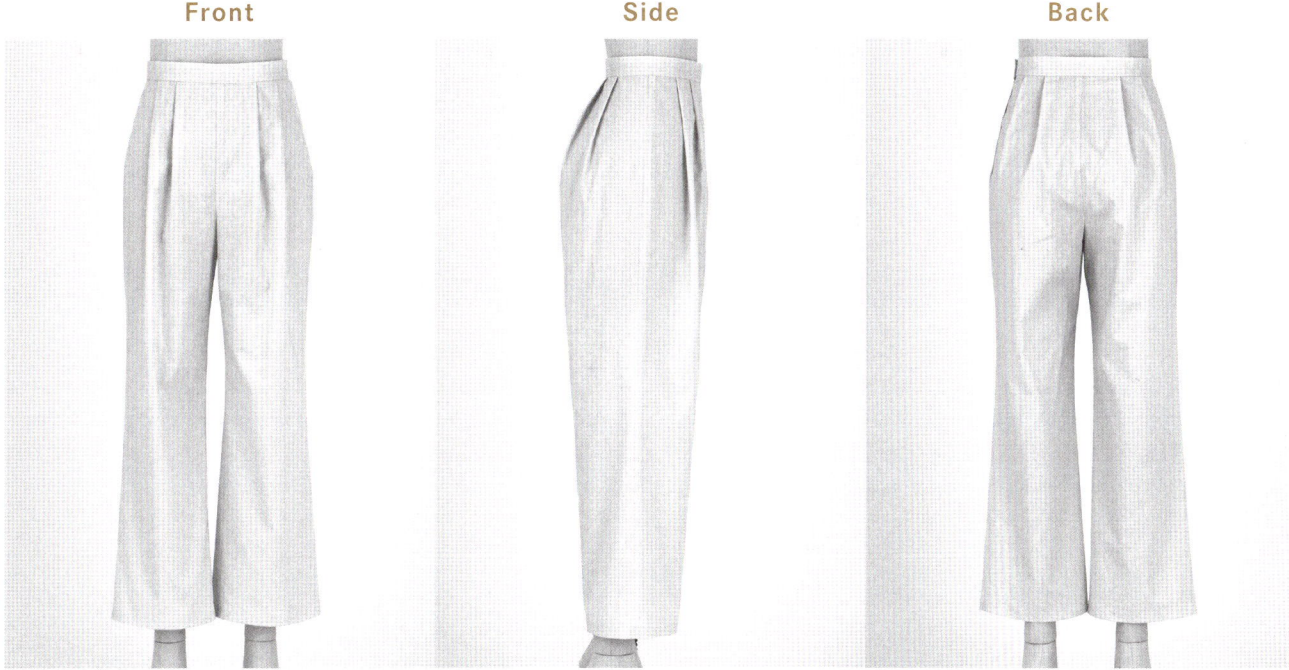

Pattern

※ ◯안의 숫자는 시접. 정해진 곳 외의 시접은 1cm.
※ ▨는 접착심을 붙인다.
※ 허리벨트는 왼쪽 옆선 트임일 때.
※ 트임은 적절히 넣는다.

【F】〈팬츠·허리벨트〉 벨트 타입

허리벨트

【D】뒤 팬츠 기본 　【A】스트레이트·턱 2줄 뒤 팬츠

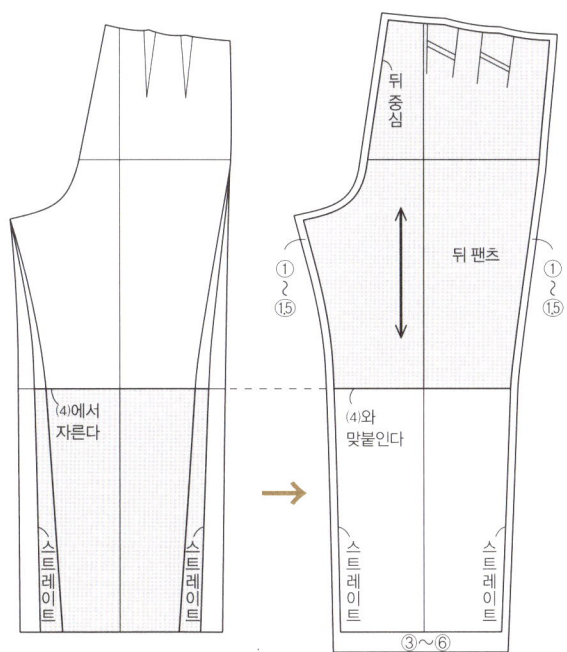

【E】앞 팬츠 기본 　【E】스트레이트·턱 2줄 앞 팬츠

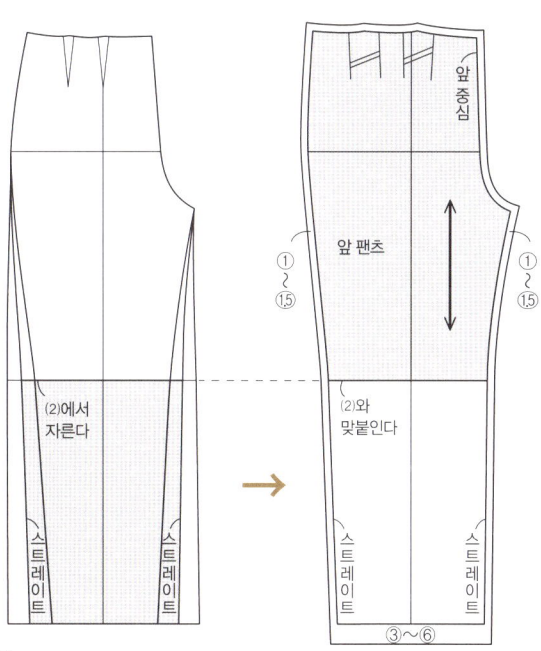

스트레이트

벨트 타입 스트레이트(→P.66)에서 변형한 팬츠로 허리를 앞은 허리벨트, 뒤는 고무밴드로 바꿨습니다.
앞 팬츠는 여분의 개더를 넣지 않아서 배 둘레가 깔끔한 디자인입니다.

Front	Side	Back

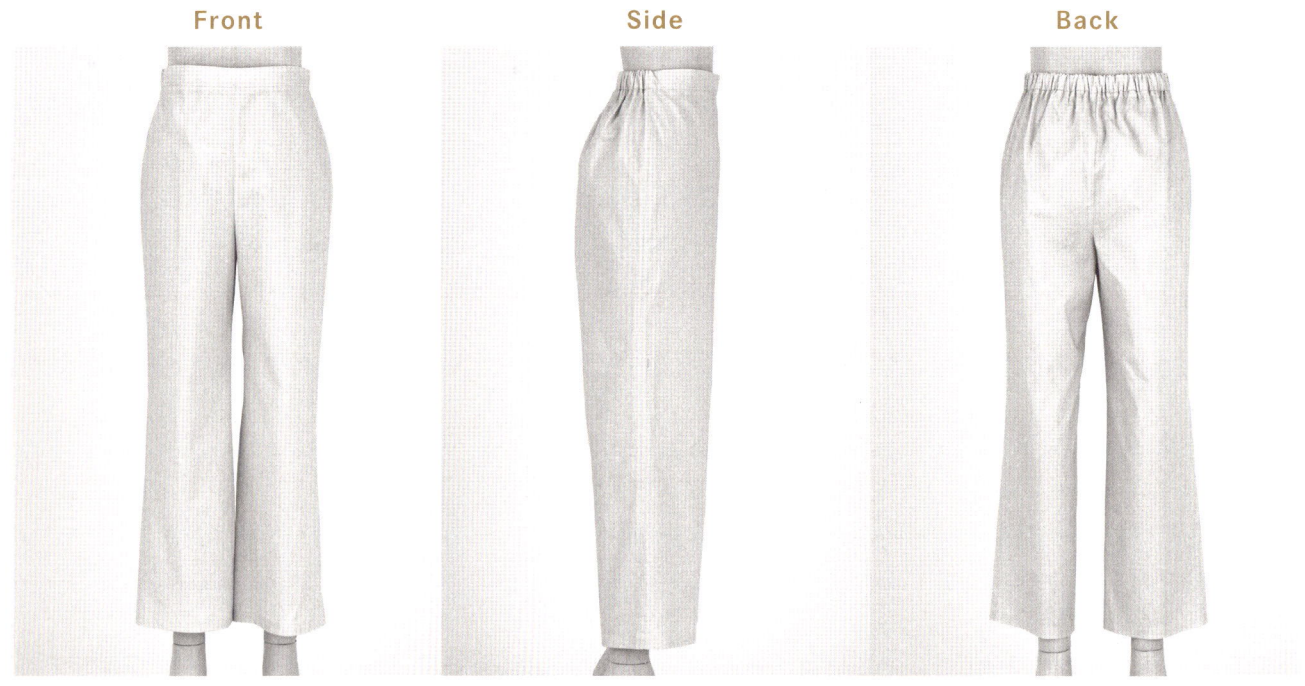

Pattern

※ ○안의 숫자는 시접, 정해진 곳 외의 시접은 1cm.
※ ▒▒▒는 접착심을 붙인다.
※ 뒤 허리에 고무밴드를 넣는다.

【F】〈팬츠·허리벨트〉 앞 벨트·뒤 고무밴드(턱 이외), 전체 고무밴드

허리벨트 ←→

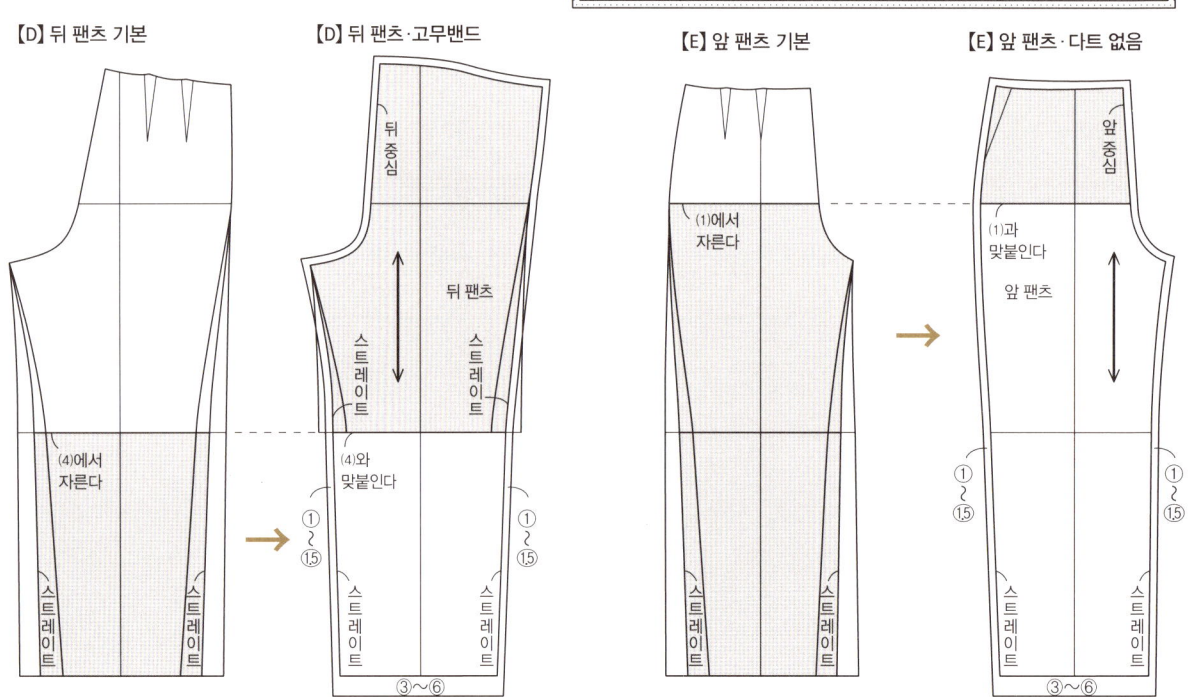

【D】뒤 팬츠 기본　　　　【D】뒤 팬츠·고무밴드　　　　　　【E】앞 팬츠 기본　　　　【E】앞 팬츠·다트 없음

앞 벨트 · 뒤 고무밴드

슬림

벨트 타입 슬림(→P.68)에서 변형한 팬츠로 앞뒤 팬츠의 다트를 없애고 뒤 팬츠 허리에 고무밴드를 넣었습니다.
슬림한 실루엣이지만 뒤에 고무밴드를 넣었으므로 트임은 필요 없습니다.

Front

Side

Back

Pattern

※ ○안의 숫자는 시접, 정해진 곳 외의 시접은 1cm.
※ ▨는 접착심을 붙인다
※ 뒤 허리에 고무밴드를 넣는다.

【F】〈팬츠 · 허리벨트〉 앞 벨트 · 뒤 고무밴드(턱 이외), 전체 고무밴드

허리벨트

【D】 뒤 팬츠 기본

【D】 뒤 팬츠 · 고무밴드

【E】 앞 팬츠 기본

【E】 앞 팬츠 · 다트 없음

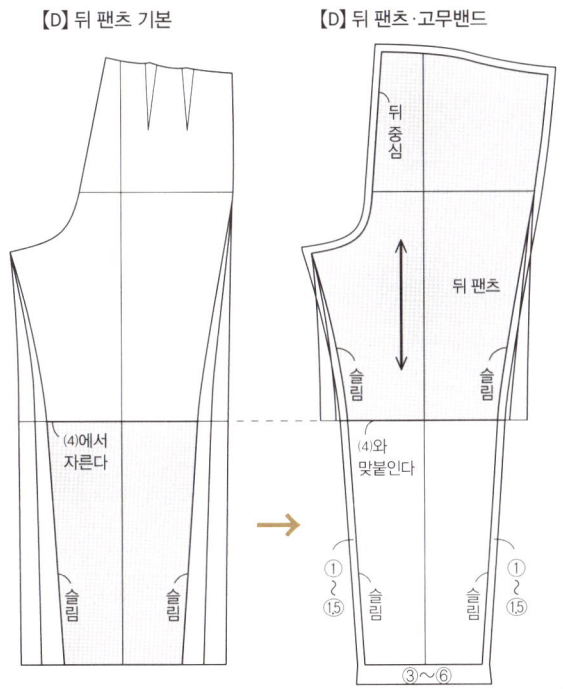
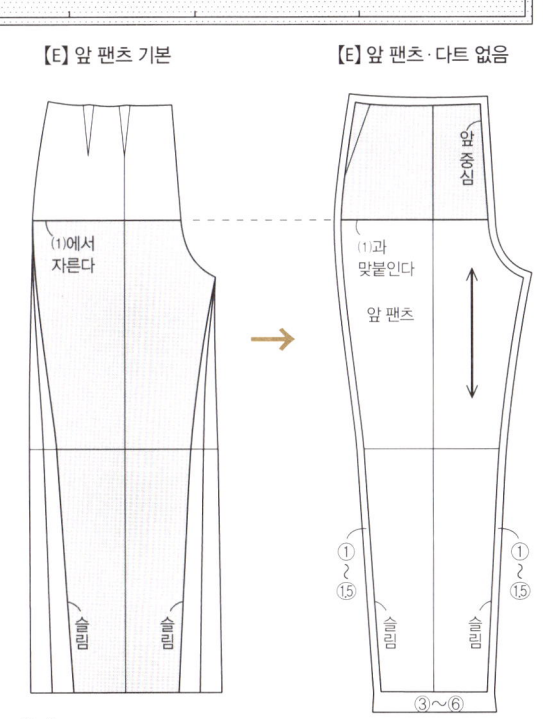

Sewing Pattern Book
Skirt & Pants
75

와이드

벨트 타입 와이드(→P.69)에서 변형한 팬츠로 앞뒤 팬츠의 다트를 없애고 뒤 팬츠 허리에 고무밴드를 넣었습니다.
뒤에 고무밴드를 넣었으므로 트임은 필요 없습니다.

Front	Side	Back

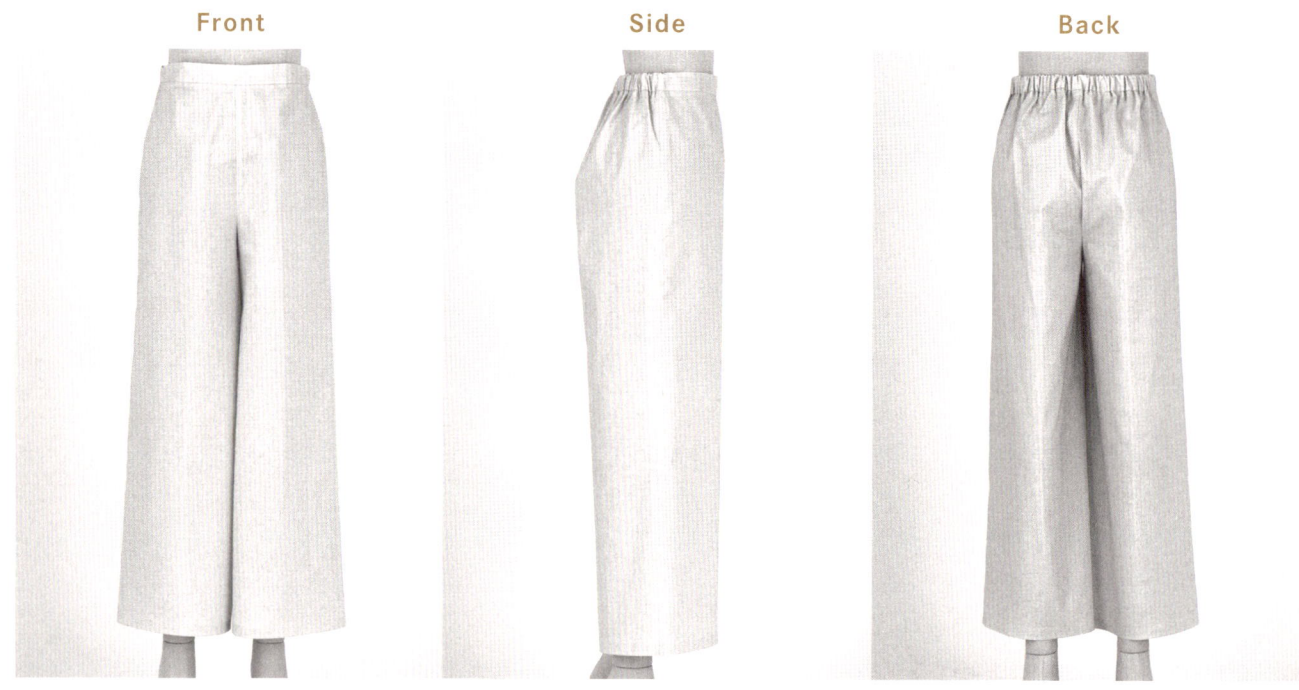

Pattern

※○안의 숫자는 시접, 정해진 곳 외의 시접은 1cm.
※▒▒▒는 접착심을 붙인다.
※뒤 허리에 고무밴드를 넣는다.

【F】〈팬츠·허리벨트〉 앞 벨트·뒤 고무밴드(턱 이외), 전체 고무밴드

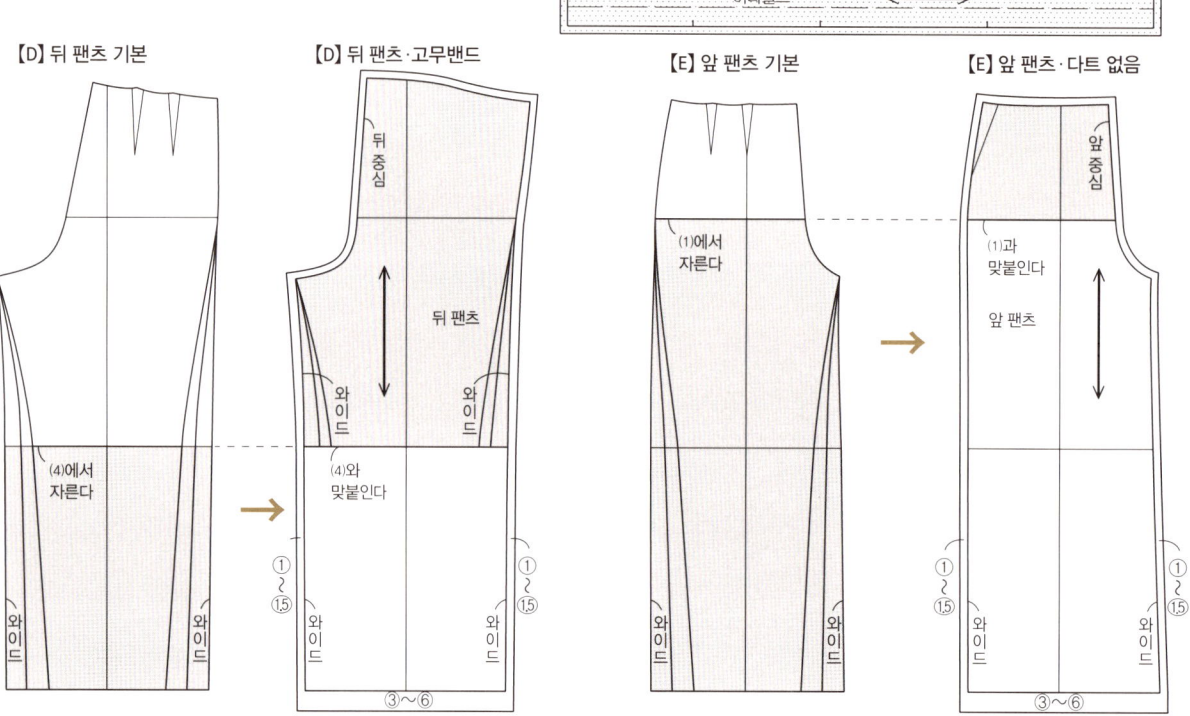

앞 벨트 · 뒤 고무밴드

플레어

벨트 타입 플레어(→P.70)에서 변형한 팬츠로
뒤 팬츠는 고무밴드용 패턴을 사용하고 앞 팬츠는 좁히는 위치에서 두 부분을 조합합니다.

Front Side Back

Pattern

※ ○안의 숫자는 시접, 정해진 곳 외의 시접은 1cm.
※ ▨는 접착심을 붙인다.
※ 뒤 허리에 고무밴드를 넣는다.

【F】〈팬츠 · 허리벨트〉 앞 벨트 · 뒤 고무밴드(턱 이외), 전체 고무밴드

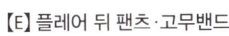

허리벨트

【E】 플레어 뒤 팬츠 · 고무밴드

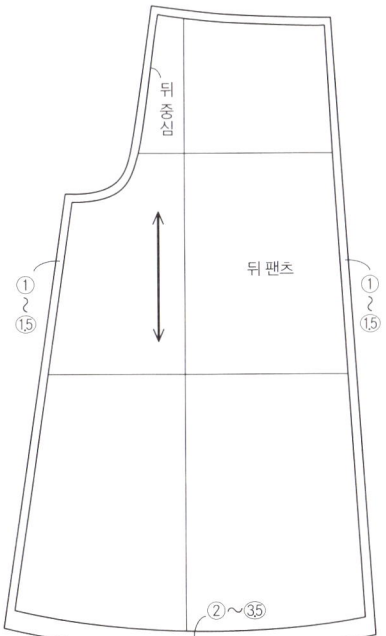

뒤 중심

뒤 팬츠

① ~ ⑴,5

② ~ ③,5

【F】 플레어 앞 팬츠

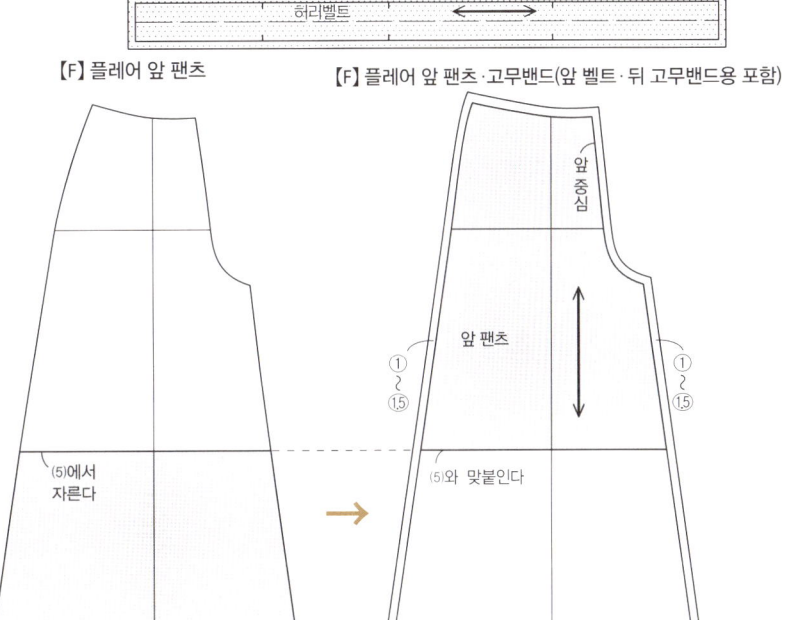

⑸에서 자른다

【F】 플레어 앞 팬츠 · 고무밴드(앞 벨트 · 뒤 고무밴드용 포함)

앞 중심

앞 팬츠

① ~ ⑴,5

⑸와 맞붙인다

② ~ ③,5

스트레이트·턱 2줄(안쪽 방향 턱)

앞 팬츠는 72페이지와 같고 뒤 팬츠 허리에 고무밴드를 넣은 디자인입니다.
각각 좁히는 위치에서 두 부분을 조합합니다.

Front **Side** **Back**

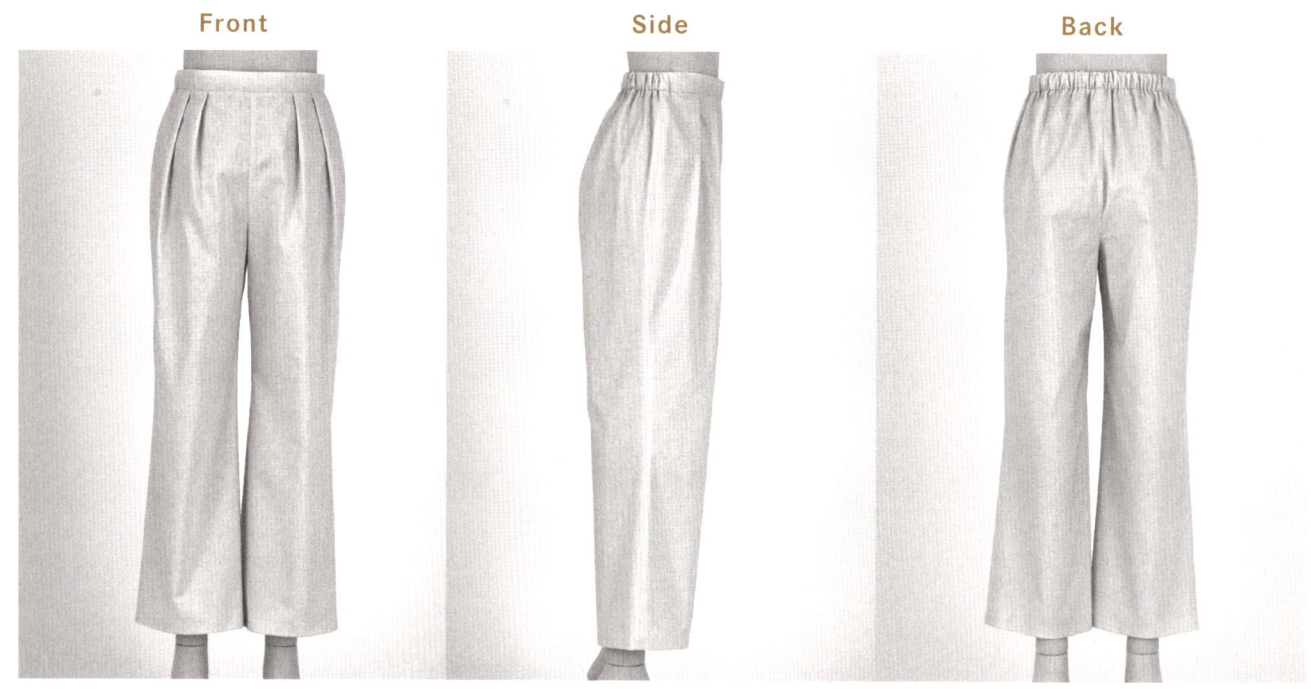

Pattern

※ ○안의 숫자는 시접. 정해진 곳 외의 시접은 1cm.
※ 는 접착심을 붙인다.
※ 뒤 허리에 고무밴드를 넣는다.

【F】〈팬츠·허리벨트〉 앞 벨트·뒤 고무밴드(턱용)

허리벨트

【D】 뒤 팬츠 기본　　　【D】 뒤 팬츠·고무밴드(앞 턱용)　　　【E】 앞 팬츠 기본　　　【E】 스트레이트·턱 2줄 앞 팬츠

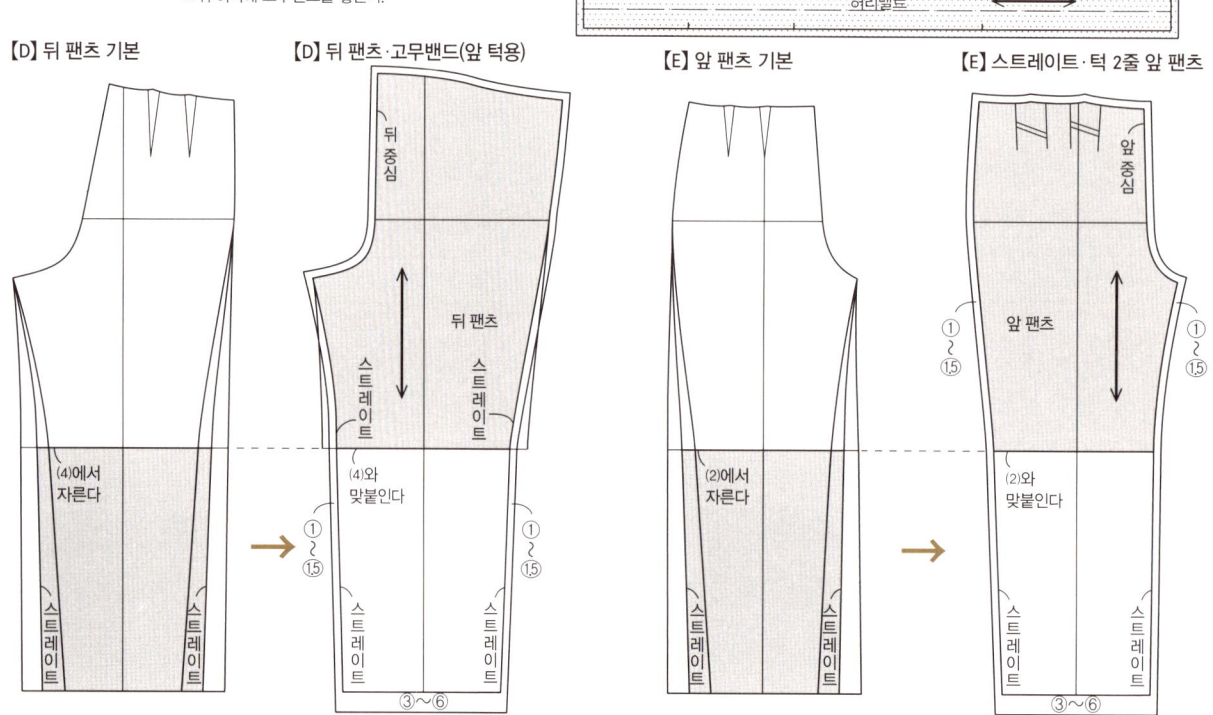

스트레이트·턱 2줄(바깥 방향 턱)

앞 팬츠는 73페이지와 같고 뒤 팬츠 허리에 고무밴드를 넣은 디자인입니다.
각각 좁히는 위치에서 두 부분을 조합합니다.

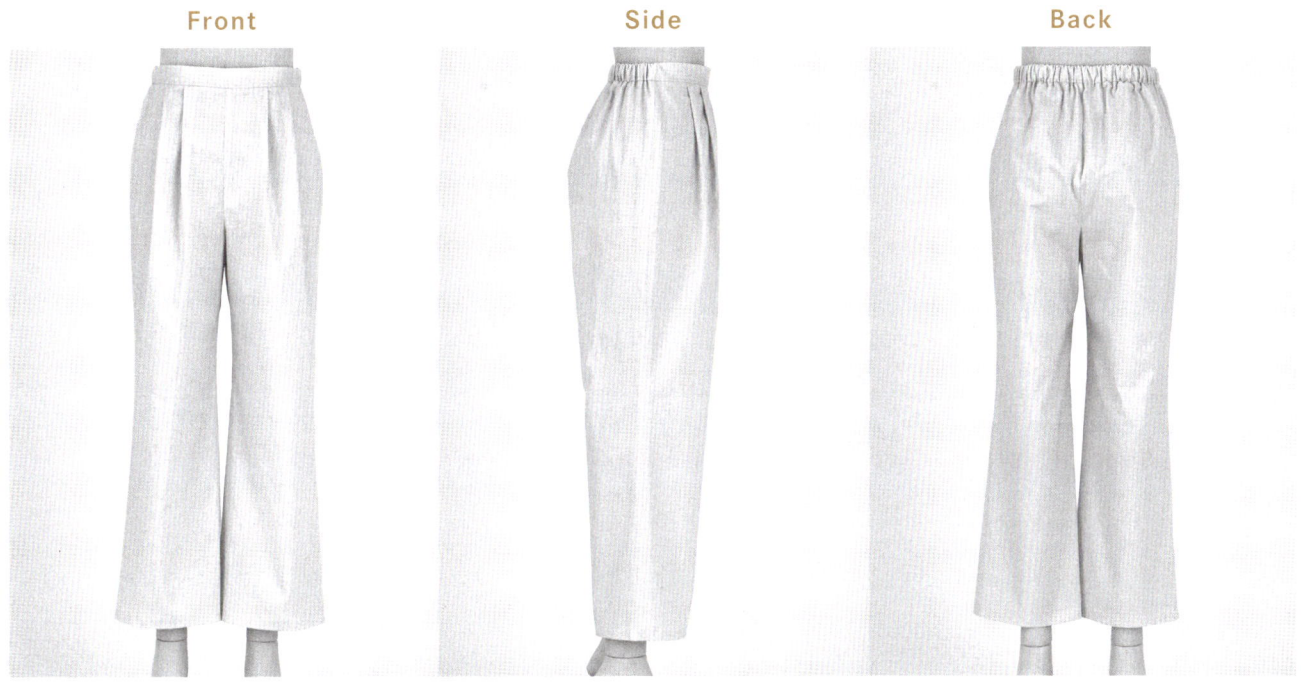

Front   Side   Back

Pattern

※ ○안의 숫자는 시접, 정해진 곳 외의 시접은 1cm.
※ ▨는 접착심을 붙인다.
※ 뒤 허리에 고무밴드를 넣는다.

【F】〈팬츠·허리벨트〉 앞 벨트·뒤 고무밴드(턱용)

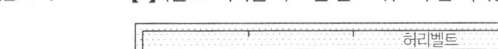

허리벨트

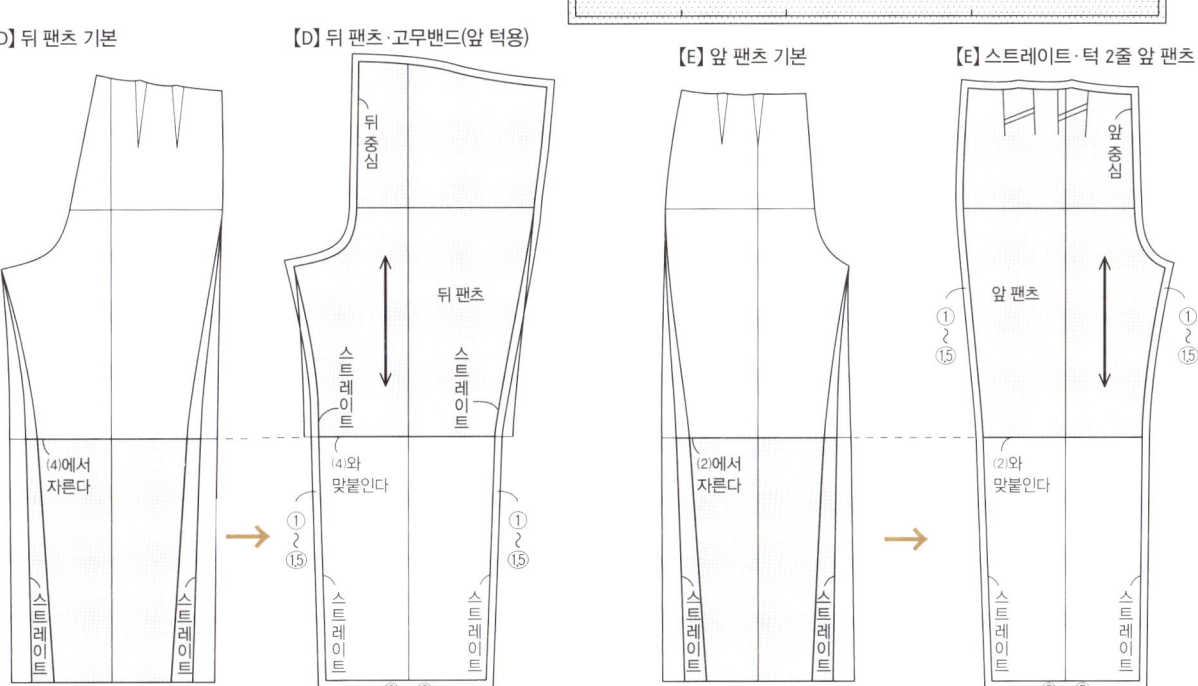

【D】뒤 팬츠 기본

【D】뒤 팬츠·고무밴드(앞 턱용)

【E】앞 팬츠 기본

【E】스트레이트·턱 2줄 앞 팬츠

와이드·턱 1줄(안쪽 방향 깊은 턱)

앞 팬츠는 71페이지와 같고 뒤 팬츠 허리에 고무밴드를 넣은 디자인입니다.
각각 좁히는 위치에서 두 부분을 조합합니다.

Front	Side	Back

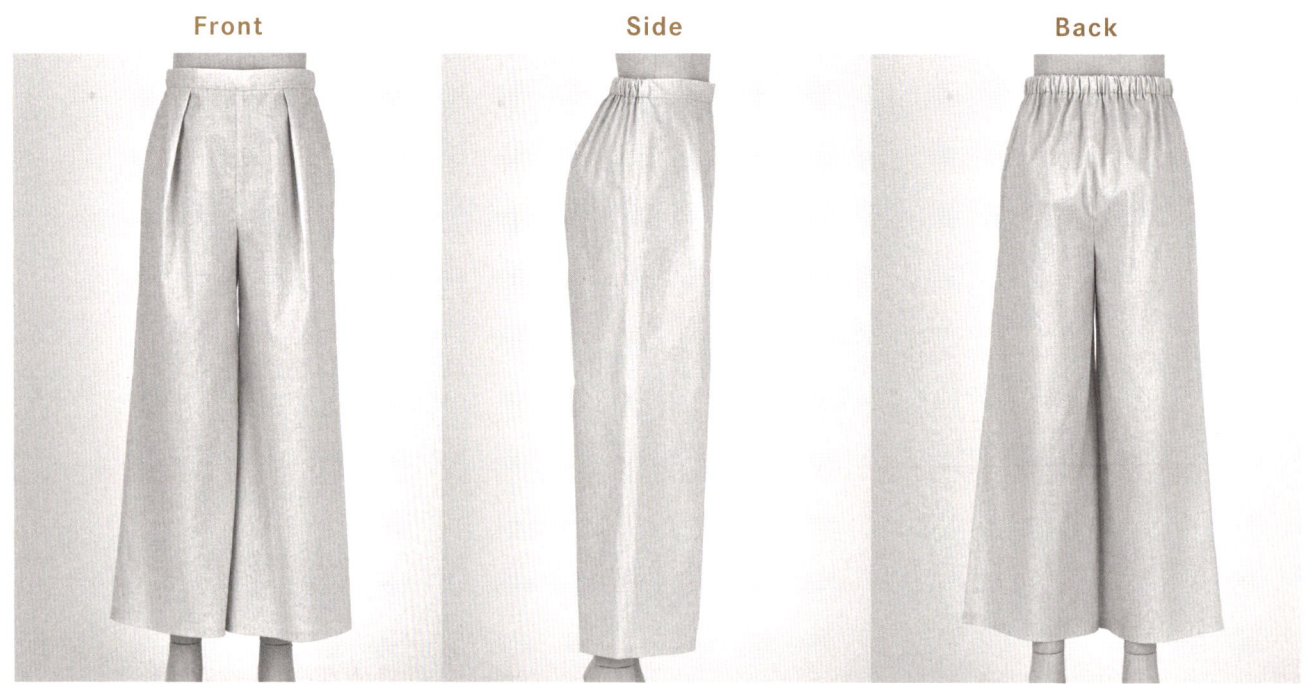

Pattern

※ ○안의 숫자는 시접, 정해진 곳 외의 시접은 1cm.
※ ▨▨▨는 접착심을 붙인다.
※ 뒤 허리에 고무밴드를 넣는다.

【F】〈팬츠·허리벨트〉 앞 벨트·뒤 고무밴드(턱용)

허리벨트

【D】뒤 팬츠 기본

【D】뒤 팬츠·고무밴드(앞 턱용)

【E】앞 팬츠 기본

【E】와이드·턱 1줄(안쪽 방향 깊은 턱) 앞 팬츠

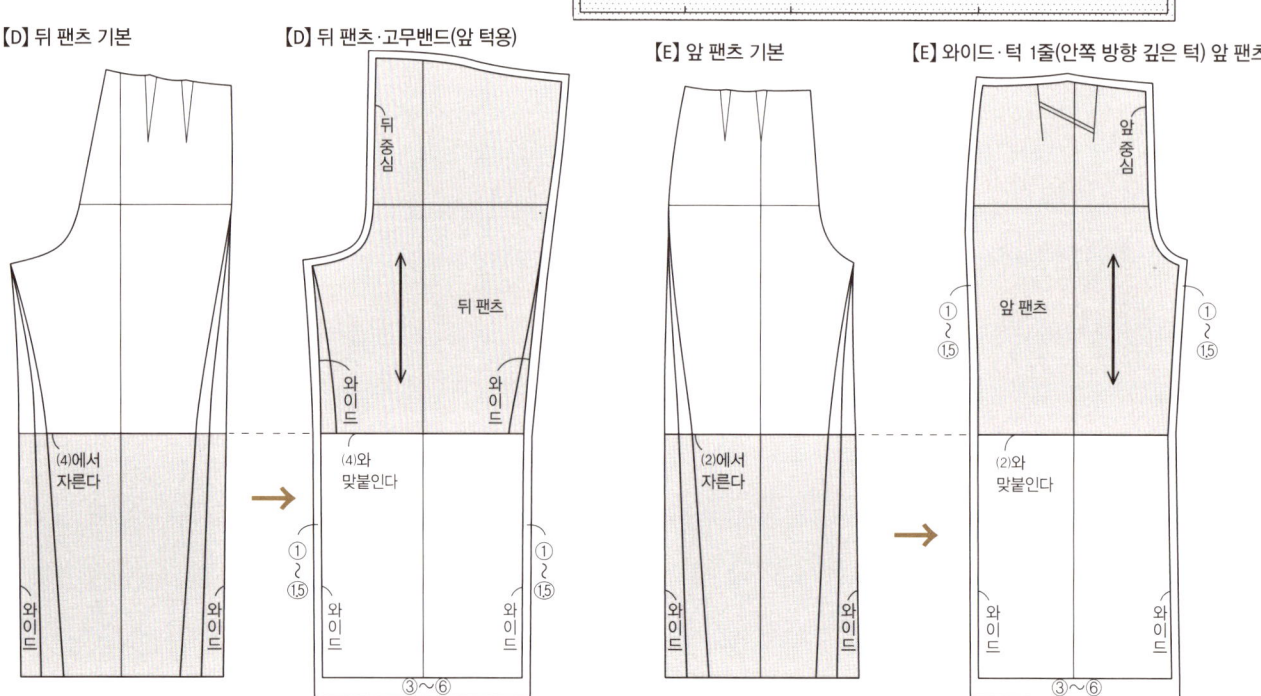

전체 고무밴드

스트레이트

허리 전체에 고무밴드를 넣은 스트레이트 팬츠 디자인이며 패턴은 74페이지와 같습니다.
앞뒤 각각 지정 위치에서 두 부분을 조합합니다.

앞 벨트 · 뒤 고무밴드　전체 고무밴드

Front

Side

Back

Pattern

※ ○안의 숫자는 시접, 정해진 곳 외의 시접은 1cm.
※ ▨는 접착심을 붙인다.
※ 허리 전체에 고무밴드를 넣는다.

【F】〈팬츠·허리벨트〉　앞 벨트·뒤 고무밴드(턱 이외), 전체 고무밴드

허리벨트

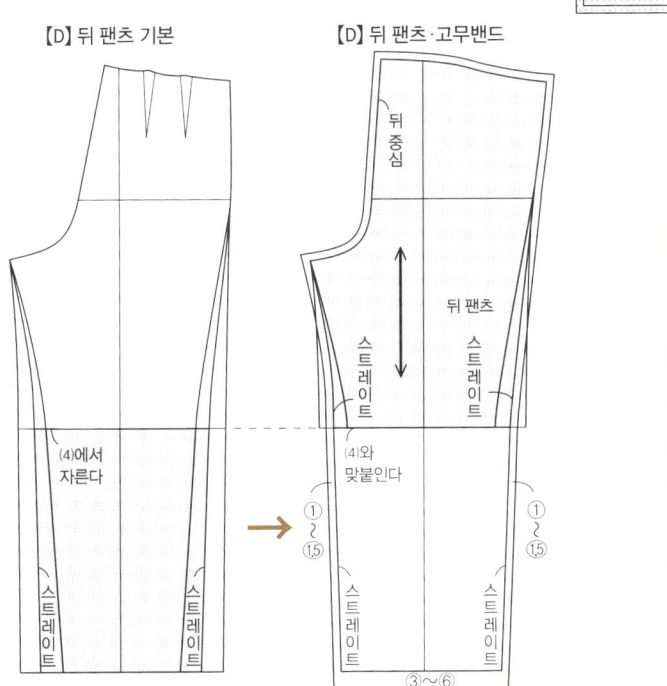

【D】뒤 팬츠 기본　　【D】뒤 팬츠·고무밴드

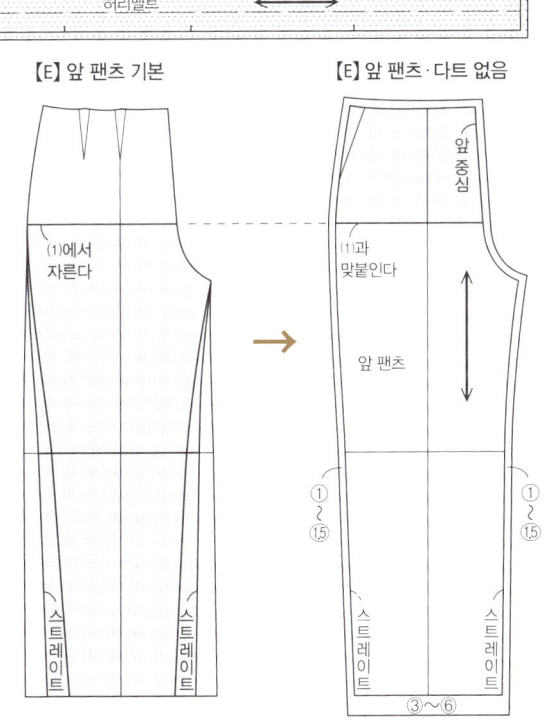

【E】앞 팬츠 기본　　【E】앞 팬츠·다트 없음

와이드

허리 전체에 고무밴드를 넣은 와이드 팬츠 디자인이며 패턴은 76페이지와 같습니다.
앞뒤 각각 지정 위치에서 두 부분을 조합합니다.

Front   Side   Back

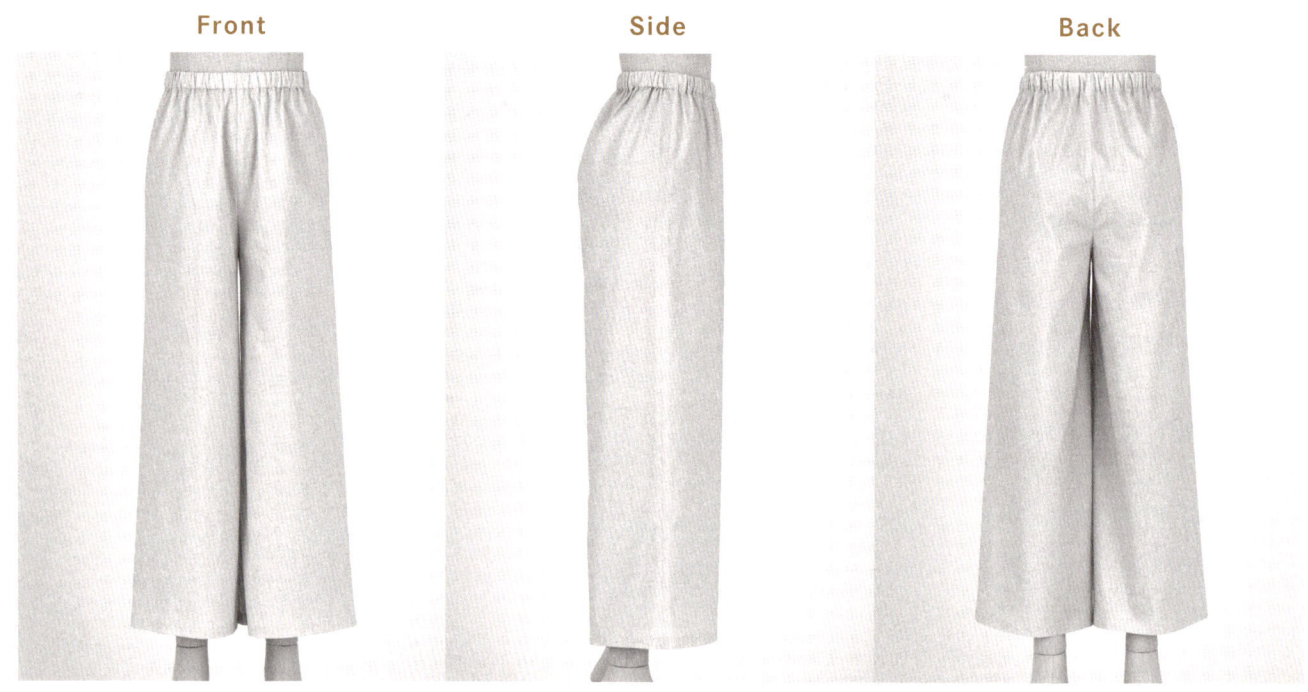

Pattern

※ ○안의 숫자는 시접. 정해진 곳 외의 시접은 1cm.
※ ▨는 접착심을 붙인다.
※ 허리 전체에 고무밴드를 넣는다.

【F】〈팬츠 · 허리벨트〉 앞 벨트 · 뒤 고무밴드(턱 이외), 전체 고무밴드

【D】 뒤 팬츠 기본   【D】 뒤 팬츠 · 고무밴드   【E】 앞 팬츠 기본   【E】 앞 팬츠 · 다트 없음

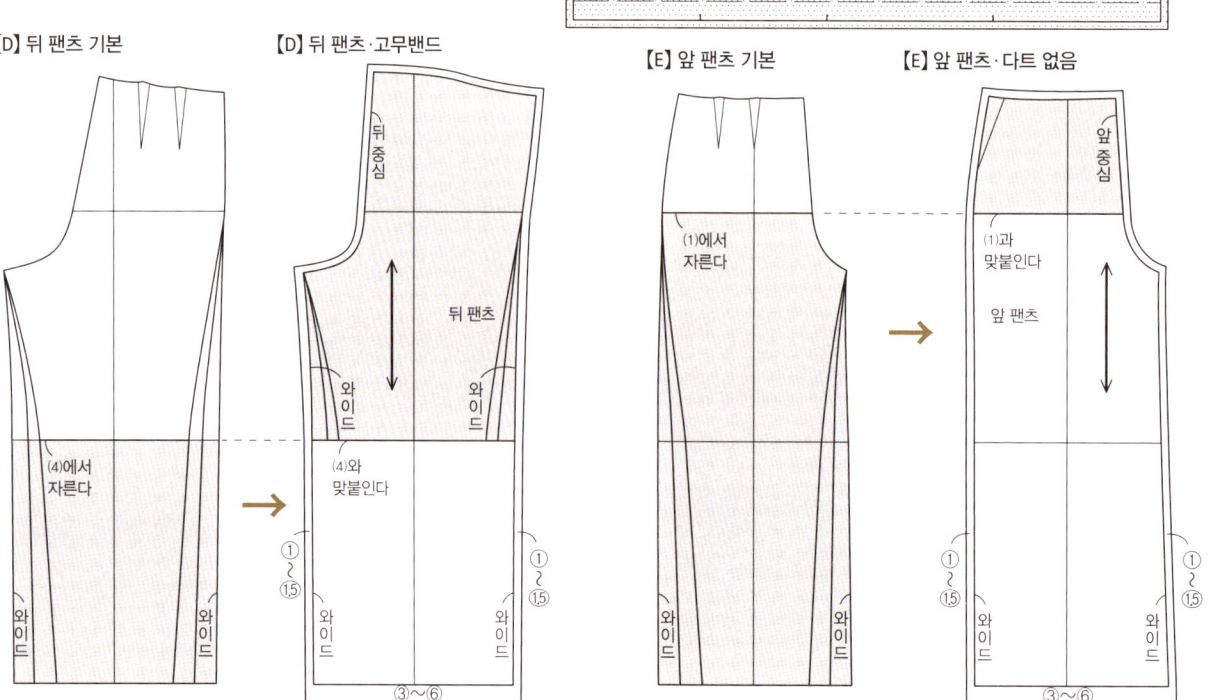

전체 고무밴드
플레어

허리 전체에 고무밴드를 넣은 플레어 팬츠 디자인이며 패턴은 77페이지와 같습니다.
앞 팬츠는 좁히는 위치에서 두 부분을 조합합니다.

Front   Side   Back

Pattern

※ ○안의 숫자는 시접, 정해진 곳 외의 시접은 1cm.
※ ▨는 접착심을 붙인다.
※ 허리 전체에 고무밴드를 넣는다.

【F】〈팬츠·허리벨트〉 앞 벨트·뒤 고무밴드(턱 이외), 전체 고무밴드

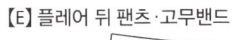

허리벨트

【E】 플레어 뒤 팬츠·고무밴드

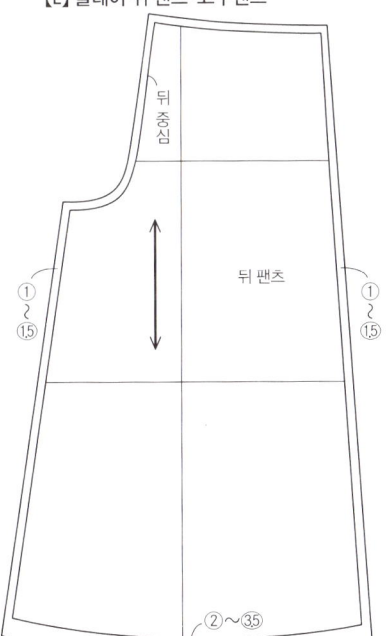

뒤 중심

뒤 팬츠

① ~ ⑮   ① ~ ⑮

② ~ ㉟

【F】 플레어 앞 팬츠

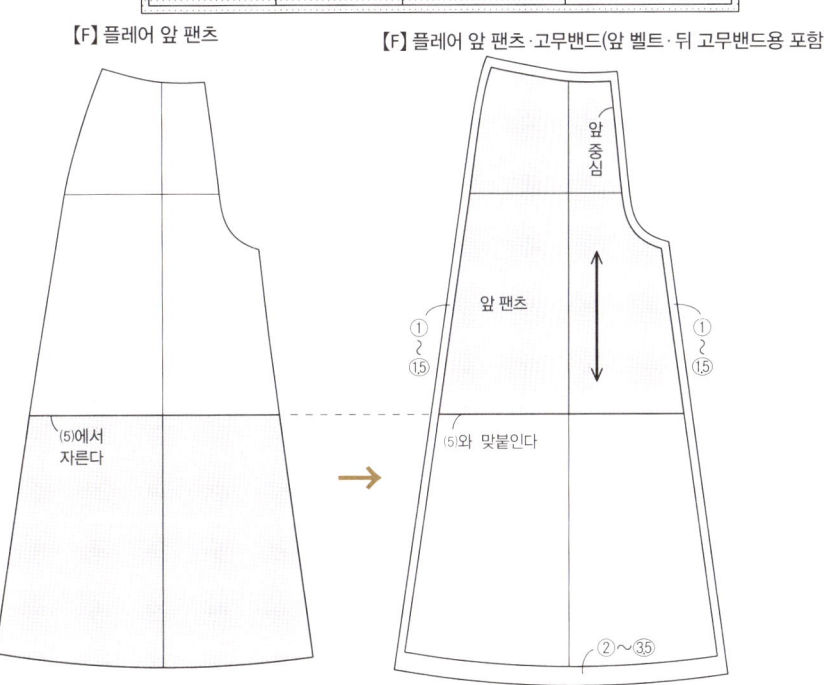

(5)에서
자른다

【F】 플레어 앞 팬츠·고무밴드(앞 벨트·뒤 고무밴드용 포함)

앞 중심

앞 팬츠

① ~ ⑮   ① ~ ⑮

(5)와 맞붙인다

② ~ ㉟

밑단 둘레의 치수와 트임

● 스커트 밑단 둘레의 치수

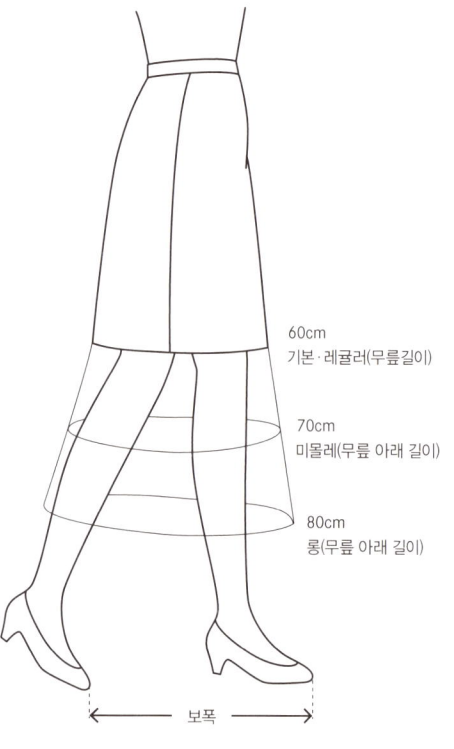

60cm
기본·레귤러(무릎길이)

70cm
미몰레(무릎 아래 길이)

80cm
롱(무릎 아래 길이)

보폭

스커트 밑단 둘레는 보행과 직접 관련 있습니다. 밑단 둘레의 치수가 부족하면 다리 움직임이 불편해지므로 주의해야 합니다.
아래의 표를 보면 스커트 길이가 길어질수록 밑단 둘레 치수가 커져야 한다는 점을 알 수 있습니다. 실루엣을 변형하지 않고 밑단 둘레 치수를 늘리려면 슬릿, 벤트, 플리츠 등을 이용하면 됩니다. 밑단 둘레가 부족할 때는 디자인이나 용도에 맞게 보충하는 방법을 결정하세요.

※9호 사이즈 세미타이트스커트에서 스커트 길이를 표시했습니다.
※보폭(평균)=67cm

스커트 길이	60cm (무릎길이)	70cm (무릎 아래 길이)	80cm (무릎 아래 길이)
필요한 최저 밑단 둘레 치수	100cm	126cm	134cm

● 밑단 둘레의 트임

밑단 둘레가 부족할 때는 슬릿이나 벤트 같은 트임을 넣어 치수를 보완합니다. 이외에도 디자인 일부로 넣어 포인트를 주기도 합니다.

슬릿

솔기를 이용한 슬릿 트임. 슬릿 깊이는 디자인에 따라서 조정합니다. 만드는 법은 103페이지에서 소개합니다.

벤트

스커트나 재킷 등 밑단에 만드는 트임으로 겹치는 부분이 있습니다. 만드는 법은 85~86페이지에서 자세히 설명합니다.

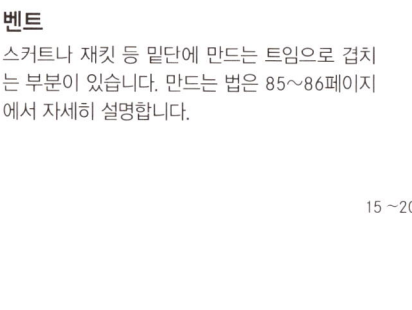

15~20cm

15~20cm

● 벤트(안감 있을 때)

솔기를 이용해서 밑단에 만드는 트임으로 겹치는 부분이 있습니다. 안감 넣은 세미 타이트스커트(→P.88~90)를 예로 들어 벤트 만드는 법을 설명합니다. 치수나 모양 은 디자인에 따라 조정합니다.
※올이 잘 풀리는 원단만 니트용 접착테이프를 붙이세요.

준비 작업 ※왼쪽과 오른쪽 벤트 트임에 접착심을 붙인다.

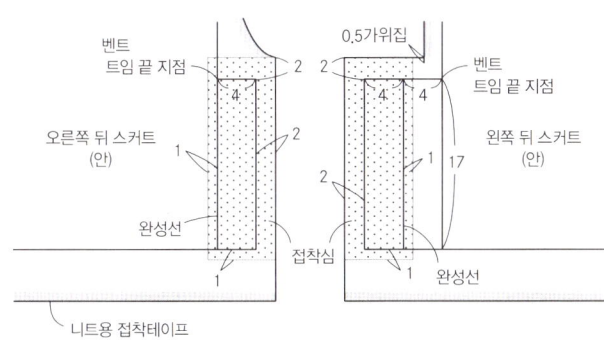

벤트 트임 끝 지점 · 0.5가위집 · 벤트 트임 끝 지점
오른쪽 뒤 스커트 (안) · 왼쪽 뒤 스커트 (안)
완성선 · 접착심 · 완성선
니트용 접착테이프

1 겉 스커트의 뒤 중심을 박는다

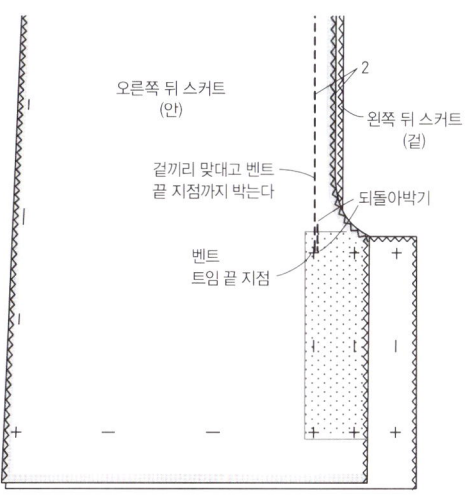

오른쪽 뒤 스커트 (안)
왼쪽 뒤 스커트 (겉)
겉끼리 맞대고 벤트 끝 지점까지 박는다
되돌아박기
벤트 트임 끝 지점

2 겉 스커트의 벤트를 박는다

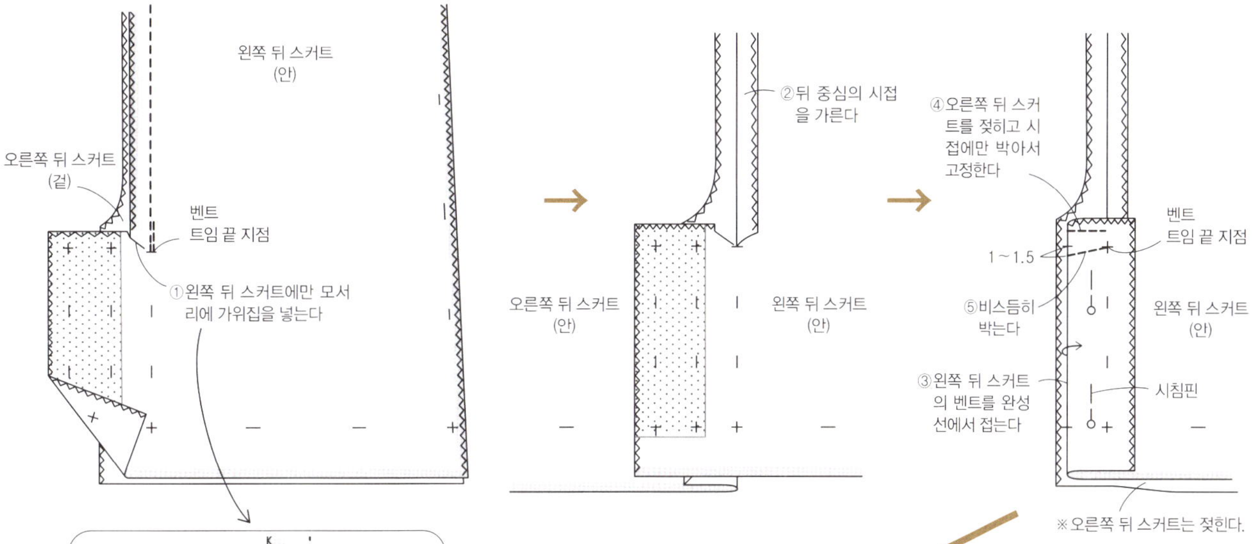

왼쪽 뒤 스커트 (안)
오른쪽 뒤 스커트 (겉)
벤트 트임 끝 지점
①왼쪽 뒤 스커트에만 모서리에 가위집을 넣는다

②뒤 중심의 시접을 가른다
오른쪽 뒤 스커트 (안)
왼쪽 뒤 스커트 (안)

④오른쪽 뒤 스커트를 젖히고 시접에만 박아서 고정한다
벤트 트임 끝 지점
1~1.5
⑤비스듬히 박는다
왼쪽 뒤 스커트 (안)
③왼쪽 뒤 스커트의 벤트를 완성선에서 접는다
시침핀
※오른쪽 뒤 스커트는 젖힌다.

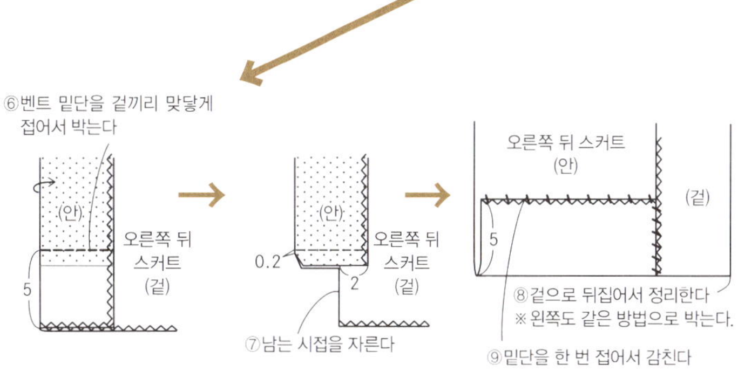

왼쪽 뒤 스커트 (안)
0.5 가위집
벤트 트임 끝 지점
가위집
0.2 앞까지

⑥벤트 밑단을 겉끼리 맞닿게 접어서 박는다
(안)
오른쪽 뒤 스커트 (겉)
5

0.2
2
오른쪽 뒤 스커트 (겉)
⑦남는 시접을 자른다

오른쪽 뒤 스커트 (안)
(겉)
5
⑧겉으로 뒤집어서 정리한다
※왼쪽도 같은 방법으로 박는다.
⑨밑단을 한 번 접어서 감친다

3 안 스커트의 뒤 중심을 박는다

안 오른쪽 뒤 스커트
(안)

안 왼쪽 뒤 스커트
(겉)

1

①왼쪽·오른쪽 뒤 스커트를 겉끼리 맞대고 벤트 트임 끝 지점까지 박는다

되돌아박기

벤트 트임 끝 지점

+

※안 스커트 치수
(→P.88)

4 안 스커트의 벤트 트임을 접는다

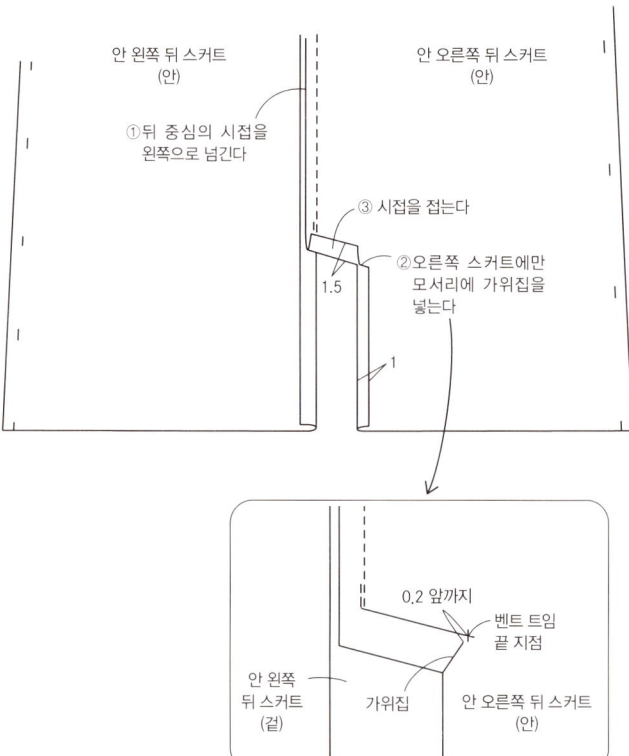

안 왼쪽 뒤 스커트
(안)

①뒤 중심의 시접을 왼쪽으로 넘긴다

안 오른쪽 뒤 스커트
(안)

③ 시접을 접는다

1.5

②오른쪽 스커트에만 모서리에 가위집을 넣는다

1

0.2 앞까지

벤트 트임 끝 지점

안 왼쪽 뒤 스커트
(겉)

가위집

안 오른쪽 뒤 스커트
(안)

5 겉 스커트와 안 스커트를 잇는다

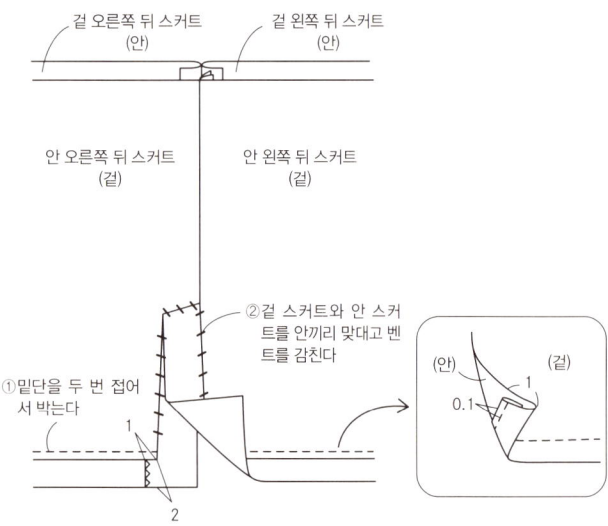

겉 오른쪽 뒤 스커트
(안)

겉 왼쪽 뒤 스커트
(안)

안 오른쪽 뒤 스커트
(겉)

안 왼쪽 뒤 스커트
(겉)

②겉 스커트와 안 스커트를 안끼리 맞대고 벤트를 감친다

①밑단을 두 번 접어서 박는다

1

2

(안)   (겉)

1

0.1

How to make

특별히 지정하지 않은 숫자의 단위는 cm입니다.

만드는 법 페이지에 있는 재단 배치도는 가장 큰 15호 기준입니다.

사이즈 또는 원단 폭이 다르면 조정이 필요할 수 있으니

원단에 패턴을 다 올려놓고 확인한 뒤 재단합니다.

무늬 맞추기나 한 방향 재단이 필요한 원단은

재료에 적힌 원단 필요량보다 넉넉하게 준비합니다.

실물 크기 패턴은 기준이 되는 선만 그려져 있습니다.

안단 등은 필요에 따라 덧붙여 그립니다.

직선으로만 되어 있고 재단 배치도 안에 치수가 적힌 부분은 패턴이 없습니다.

그럴 때는 원단에 직접 선을 그려서 재단합니다.

안감 넣은 세미타이트스커트···작품 P.18

실물 크기 패턴
앞 스커트·안 앞 스커트···【A】앞 스커트 기본
뒤 스커트·안 뒤 스커트···【A】뒤 스커트 기본
허리벨트···【C】〈스커트·허리벨트〉벨트 타입 / 기본
※왼쪽 옆선 트임에서 뒤 중심 트임으로 맞춤점을 옮겨서 사용한다.

※ 왼쪽 또는 위부터 7 / 9 / 11 / 13 / 15호 사이즈

재료
트위드···폭 126cm×140 / 145 / 150 / 150 / 150cm
큐프라···폭 110cm×140 / 145 / 150 / 150 / 150cm
접착심···20cm×90cm
니트용 접착테이프···폭 1cm×550cm
플랫니트 지퍼···길이 20cm×1개
걸단추···1쌍

완성 치수
허리둘레···64 / 68 / 72 / 77 / 82cm
스커트 길이···58 / 60 / 62 / 62 / 62cm

재단 배치도

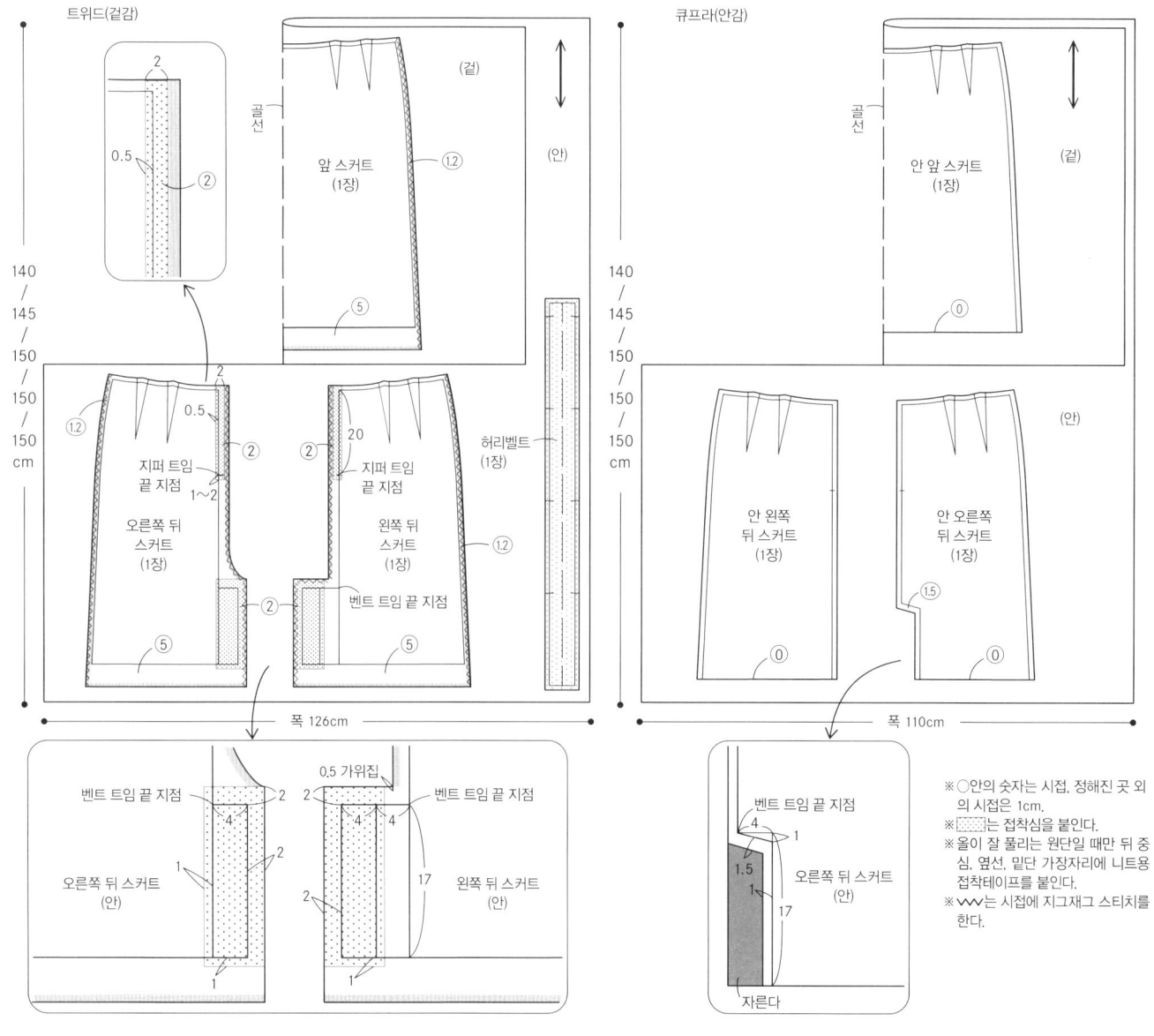

※○안의 숫자는 시접. 정해진 곳 외의 시접은 1cm.
※▨는 접착심을 붙인다.
※올이 잘 풀리는 원단일 때만 뒤 중심, 옆선, 밑단 가장자리에 니트용 접착테이프를 붙인다.
※ꟿ는 시접에 지그재그 스티치를 한다.

만드는 순서

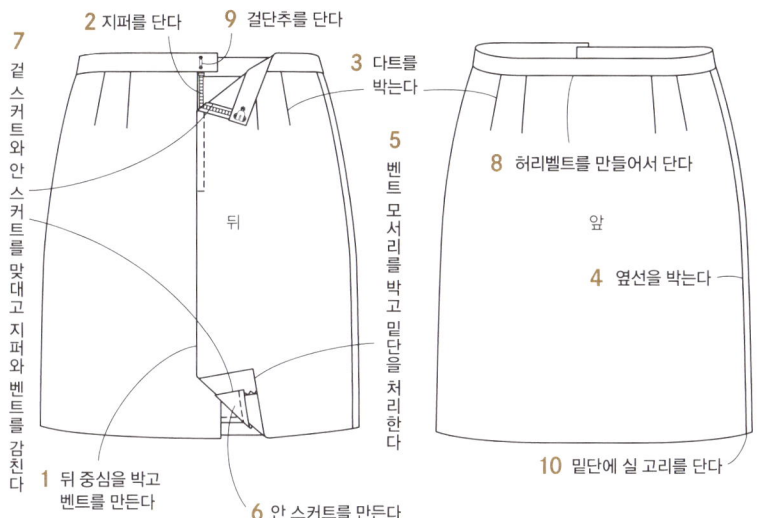

7 겉 스커트와 안 스커트를 맞대고 지퍼와 벤트를 감친다

2 지퍼를 단다
9 걸단추를 단다
3 다트를 박는다
뒤
1 뒤 중심을 박고 벤트를 만든다
6 안 스커트를 만든다
5 벤트 모서리를 박고 밑단을 처리한다

8 허리벨트를 만들어서 단다
앞
4 옆선을 박는다
10 밑단에 실 고리를 단다

1 뒤 중심을 박고 벤트를 만든다

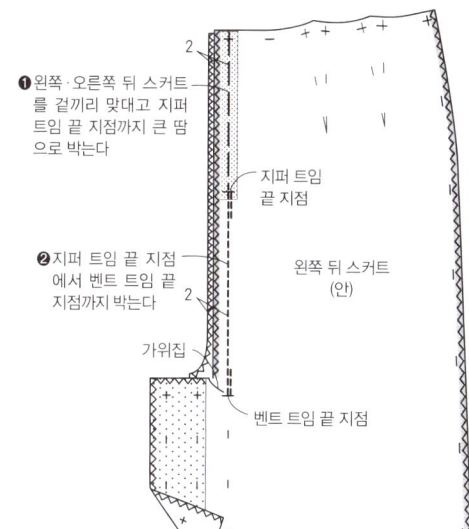

❶ 왼쪽·오른쪽 뒤 스커트를 겉끼리 맞대고 지퍼 트임 끝 지점까지 큰 땀으로 박는다

지퍼 트임 끝 지점

❷ 지퍼 트임 끝 지점에서 벤트 트임 끝 지점까지 박는다

왼쪽 뒤 스커트 (안)

가위집

벤트 트임 끝 지점

❸ 시접을 가른다

오른쪽 뒤 스커트 (안)

왼쪽 뒤 스커트 (안)

❹ 시접에 박아서 고정한다(→P.85)

2 지퍼를 단다

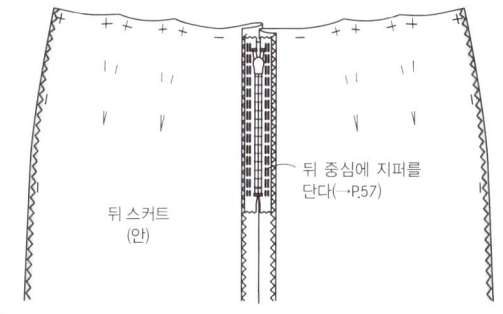

뒤 스커트 (안)

뒤 중심에 지퍼를 단다(→P.57)

3 다트를 박는다

4 옆선을 박는다

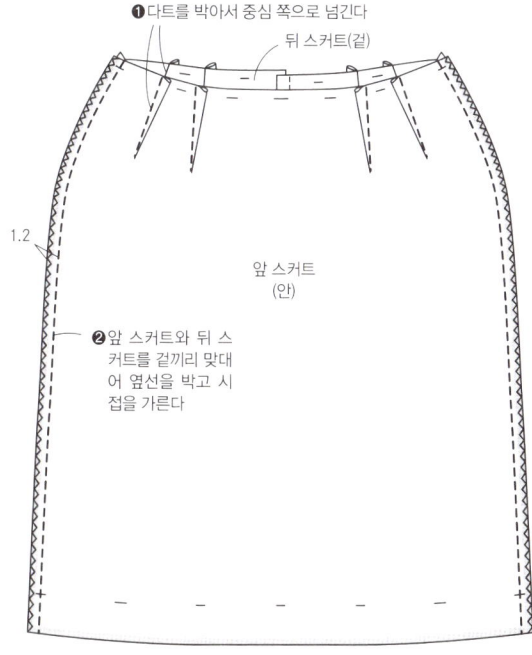

❶ 다트를 박아서 중심 쪽으로 넘긴다

뒤 스커트(겉)

1.2

앞 스커트 (안)

❷ 앞 스커트와 뒤 스커트를 겉끼리 맞대어 옆선을 박고 시접을 가른다

5 벤트 모서리를 박고 밑단을 처리한다

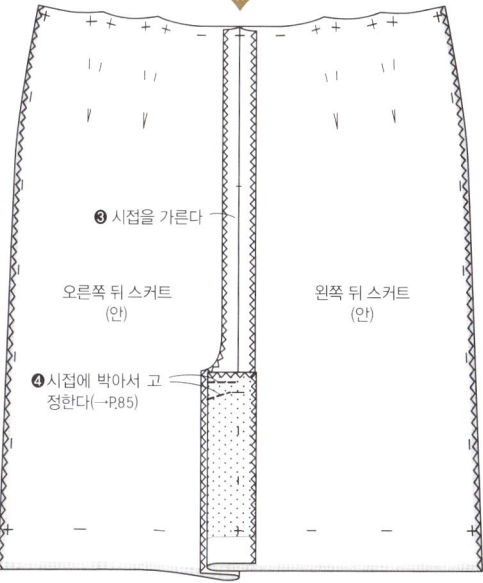

❶ 벤트 밑단을 겉끼리 맞닿게 접어서 박는다

(안)

오른쪽 뒤 스커트 (겉)

5

(안)

0.2

2

오른쪽 뒤 스커트 (겉)

❷ 남는 시접을 자른다

오른쪽 뒤 스커트 (안)

(겉)

5

❸ 겉으로 뒤집어서 정리한다
※ 왼쪽도 같은 방법으로 박는다.

❹ 밑단을 한 번 접어서 감친다

6 안 스커트를 만든다

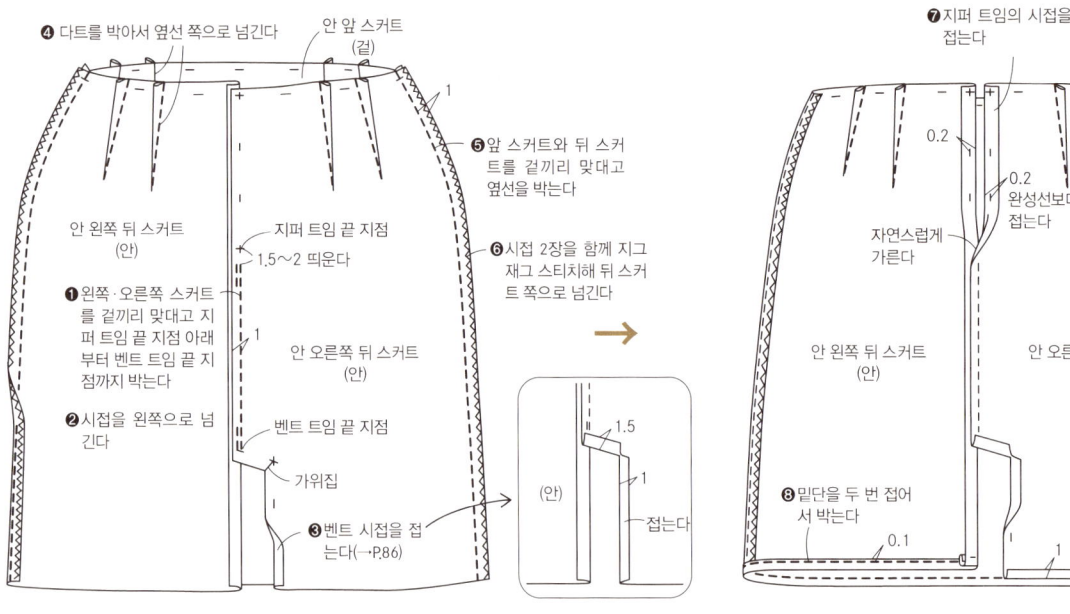

❹ 다트를 박아서 옆선 쪽으로 넘긴다

안 앞 스커트
(겉)

1

❺ 앞 스커트와 뒤 스커트를 겉끼리 맞대고 옆선을 박는다

안 왼쪽 뒤 스커트
(안)

지퍼 트임 끝 지점
1.5~2 띄운다

❶ 왼쪽·오른쪽 스커트를 겉끼리 맞대고 지퍼 트임 끝 지점 아래부터 벤트 트임 끝 지점까지 박는다

1

안 오른쪽 뒤 스커트
(안)

❻ 시접 2장을 함께 지그재그 스티치해 뒤 스커트 쪽으로 넘긴다

❷ 시접을 왼쪽으로 넘긴다

벤트 트임 끝 지점

가위집

❸ 벤트 시접을 접는다(→P.86)

(안)

1.5

1

접는다

❼ 지퍼 트임의 시접을 접는다

0.2

0.2

완성선보다 깊이 접는다

자연스럽게 가른다

안 왼쪽 뒤 스커트
(안)

안 오른쪽 뒤 스커트
(안)

❽ 밑단을 두 번 접어서 박는다

0.1

1

1

7 겉 스커트와 안 스커트를 맞대고 지퍼와 벤트를 감친다

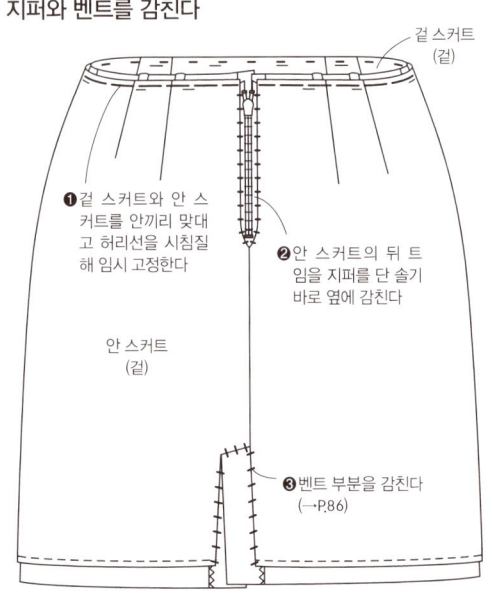

겉 스커트
(겉)

❶ 겉 스커트와 안 스커트를 안끼리 맞대고 허리선을 시침질해 임시 고정한다

❷ 안 스커트의 뒤 트임을 지퍼를 단 솔기 바로 옆에 감친다

안 스커트
(겉)

❸ 벤트 부분을 감친다
(→P.86)

8 허리벨트를 만들어서 단다

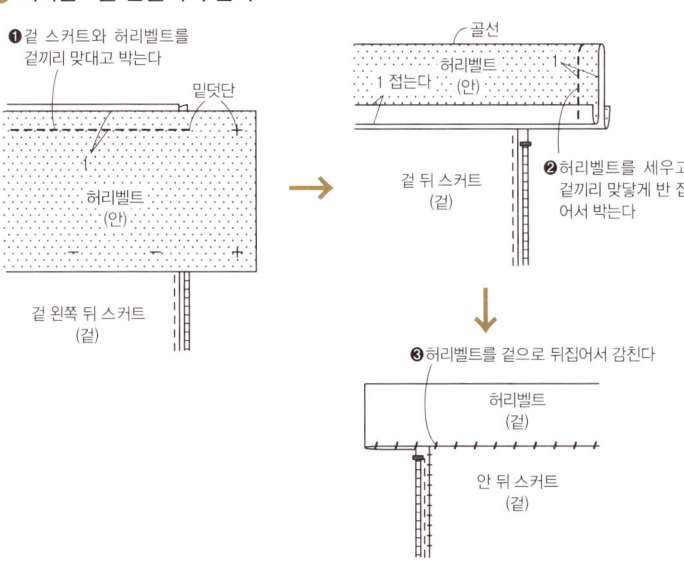

❶ 겉 스커트와 허리벨트를 겉끼리 맞대고 박는다

밑덮단

허리벨트
(안)

골선

허리벨트
(안)

1 접는다

겉 뒤 스커트
(겉)

겉 왼쪽 뒤 스커트
(겉)

❷ 허리벨트를 세우고 겉끼리 맞닿게 반 접어서 박는다

❸ 허리벨트를 겉으로 뒤집어서 감친다

허리벨트
(겉)

안 뒤 스커트
(겉)

9 걸단추를 단다

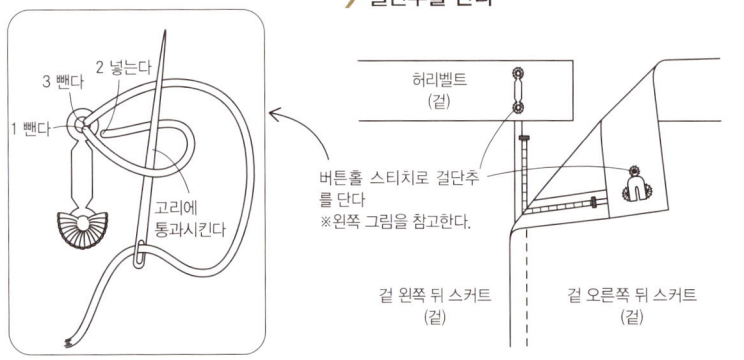

1 뺀다
2 넣는다
3 뺀다
1 뺀다

고리에 통과시킨다

허리벨트
(겉)

버튼홀 스티치로 걸단추를 단다
※왼쪽 그림을 참고한다.

겉 왼쪽 뒤 스커트
(겉)

겉 오른쪽 뒤 스커트
(겉)

10 밑단에 실 고리를 단다

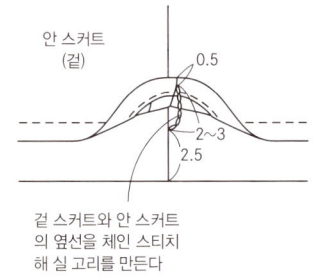

안 스커트
(겉)

0.5

2~3

2.5

겉 스커트와 안 스커트의 옆선을 체인 스티치해 실 고리를 만든다

안감 스커트···작품 P.24

실물 크기 패턴(없음)
※제도를 참고한다.

완성 치수
허리둘레···62 / 66 / 70 / 75 / 80cm
스커트 길이···54 / 56 / 58 / 58 / 58cm

재료
큐프라···폭 120cm×125 / 130 / 135 / 135 / 135cm
고무밴드···폭 1cm×64 / 68 / 72 / 77 / 82cm
※고무밴드는 허리둘레 치수에 맞춰서 조정한다.

※ 왼쪽 또는 위부터 7 / 9 / 11 / 13 / 15호 사이즈

재단 배치도

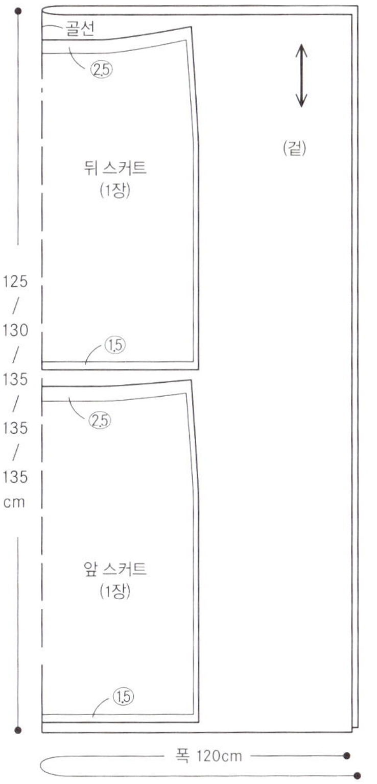

골선
(2.5)

뒤 스커트
(1장)

(겉)

(1.5)

(2.5)

앞 스커트
(1장)

(1.5)

125 / 130 / 135 / 135 / 135 cm

폭 120cm

※○안의 숫자는 시접, 정해진 곳 외의 시접은 1cm.

제도

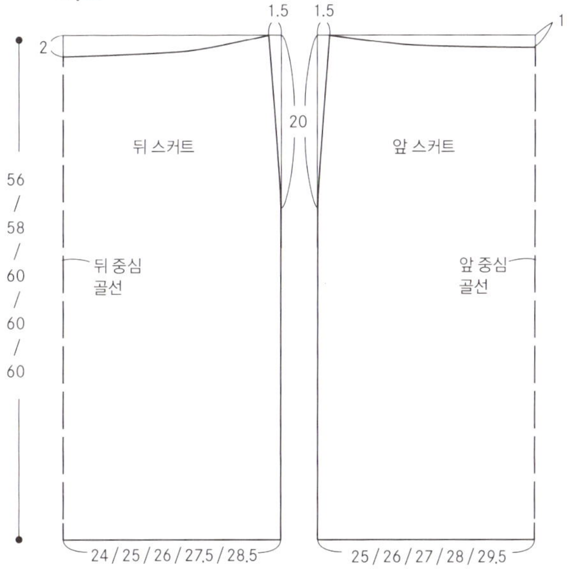

1.5 1.5

2

1

20

뒤 스커트

앞 스커트

56 / 58 / 60 / 60 / 60

뒤 중심
골선

앞 중심
골선

24 / 25 / 26 / 27.5 / 28.5   25 / 26 / 27 / 28 / 29.5

만드는 순서

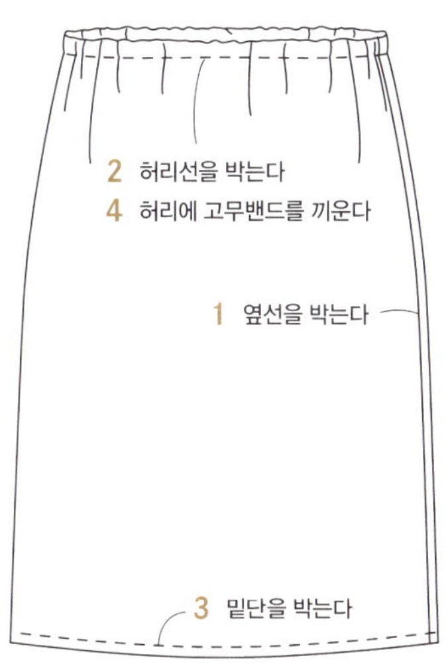

2 허리선을 박는다
4 허리에 고무밴드를 끼운다

1 옆선을 박는다

3 밑단을 박는다

1 옆선을 박는다

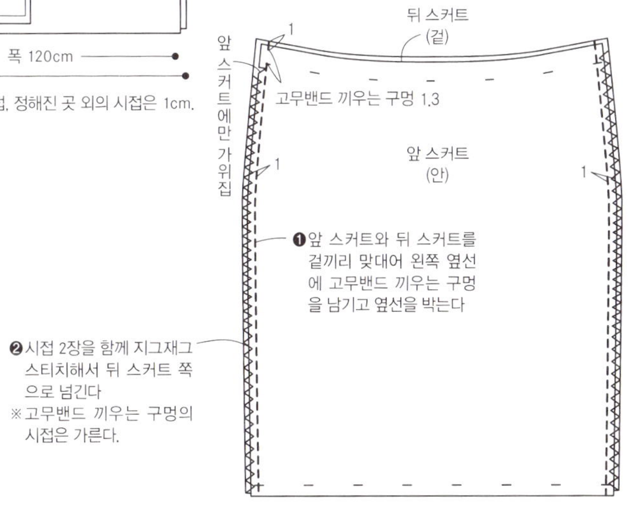

뒤 스커트
(겉)

앞 스커트에만 가위집

1

고무밴드 끼우는 구멍 1.3

앞 스커트
(안)

1

1

❶앞 스커트와 뒤 스커트를
겉끼리 맞대어 왼쪽 옆선
에 고무밴드 끼우는 구멍
을 남기고 옆선을 박는다

❷시접 2장을 함께 지그재그
스티치해서 뒤 스커트 쪽
으로 넘긴다
※고무밴드 끼우는 구멍의
시접은 가른다.

2 허리선을 박는다

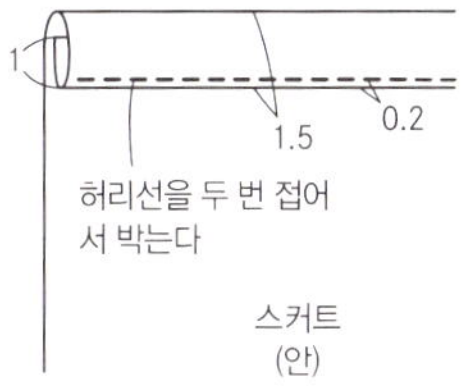

1

1.5   0.2

허리선을 두 번 접어
서 박는다

스커트
(안)

3 밑단을 박는다

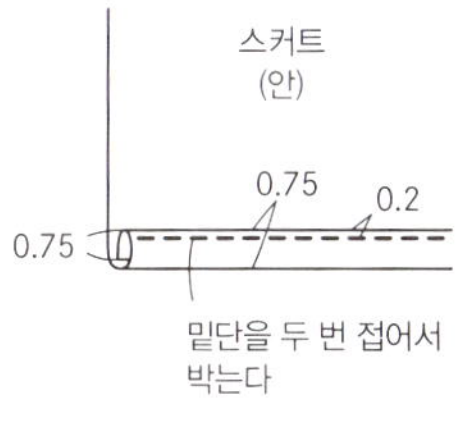

스커트
(안)

0.75   0.2

0.75

밑단을 두 번 접어서
박는다

4 허리에 고무밴드를 끼운다

폭 1cm 고무밴드
(64/68/72/77/82cm)

1.5

0.5

스커트
(안)

❷겹쳐서
박는다

스커트
(안)

❶고무밴드를 끼우고 끝을
어긋나게 해서 박는다

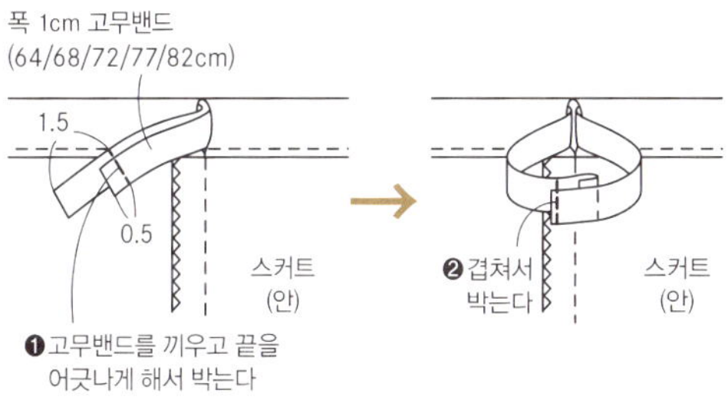

플레어스커트···작품 P.19

실물 크기 패턴
앞 스커트·뒤 스커트···【A】 플레어(180도) 앞뒤 스커트
※스커트 길이를 15cm 늘여서 사용한다.
허리벨트···【C】〈스커트·허리벨트〉 벨트 타입 / 기본
※허리벨트의 폭 3cm를 1cm로 바꿔서 사용한다.

재료
프리미엄 드 신···폭 110cm×250 / 260 / 270 / 270 / 270cm
접착심···10cm×90cm
늘어남 방지 테이프···폭 1.5cm×23cm×2줄
콘실 지퍼···길이 20cm×1개
걸고리···1쌍

완성 치수
허리둘레···64 / 68 / 72 / 77 / 82cm
스커트 길이···73 / 75 / 77 / 77 / 77cm

※ 왼쪽 또는 위부터 7 / 9 / 11 / 13 / 15호 사이즈

재단 배치도 ※패턴보다 스커트 길이를 15cm 늘인다.

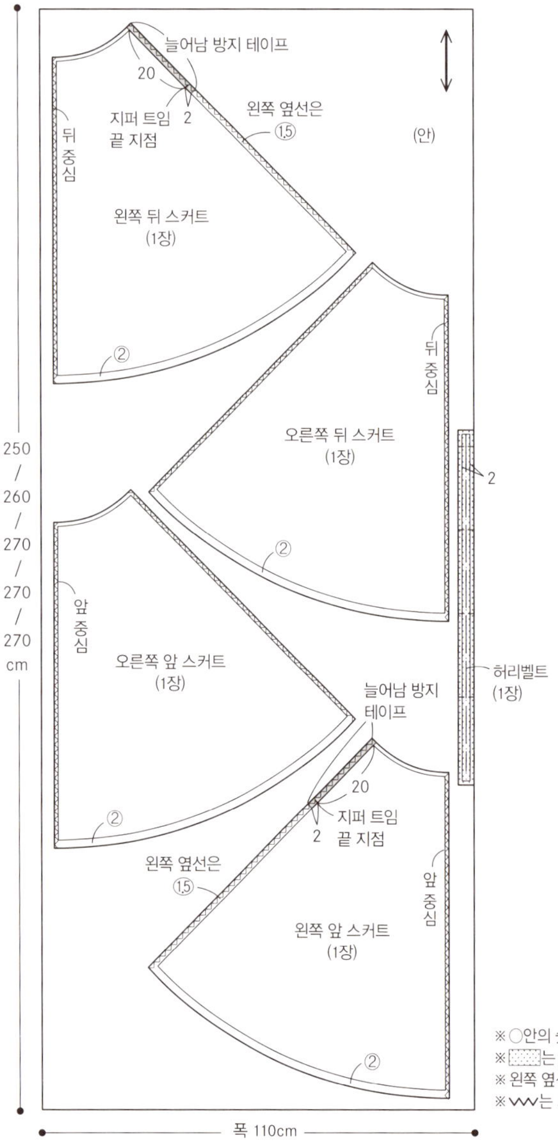

늘어남 방지 테이프
20
지퍼 트임 2
끝 지점
왼쪽 옆선은 ⑮
(안)
뒤 중심
왼쪽 뒤 스커트 (1장)
②
뒤 중심
오른쪽 뒤 스커트 (1장)
②
2
250 / 260 / 270 / 270 / 270 cm
앞 중심
오른쪽 앞 스커트 (1장)
②
늘어남 방지 테이프
허리벨트 (1장)
20
지퍼 트임 2 끝 지점
②
왼쪽 옆선은 ⑮
앞 중심
왼쪽 앞 스커트 (1장)
②

폭 110cm

※○안의 숫자는 시접, 정해진 곳 외의 시접은 1cm.
※▨는 접착심을 붙인다.
※왼쪽 옆선에 늘어남 방지 테이프를 붙인다.
※〰는 시접에 지그재그 스티치를 한다.

만드는 순서

1 앞·뒤 중심을 박는다
5 걸고리를 단다
3 허리벨트를 단다
2 옆선을 박는다 (왼쪽 옆선에는 콘실 지퍼를 단다)
4 밑단을 두 번 접어서 박는다

1 앞·뒤 중심을 박는다

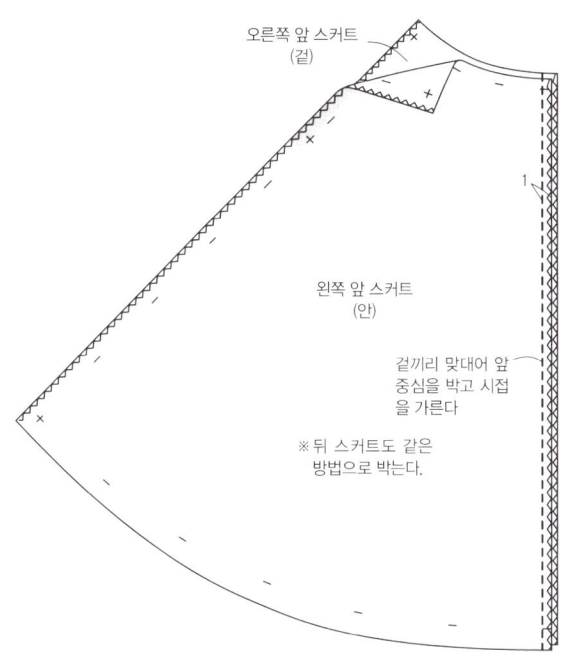

오른쪽 앞 스커트
(겉)

왼쪽 앞 스커트
(안)

1

겉끼리 맞대어 앞
중심을 박고 시접
을 가른다

※뒤 스커트도 같은
방법으로 박는다.

2 옆선을 박는다(왼쪽 옆선에는 콘실 지퍼를 단다)

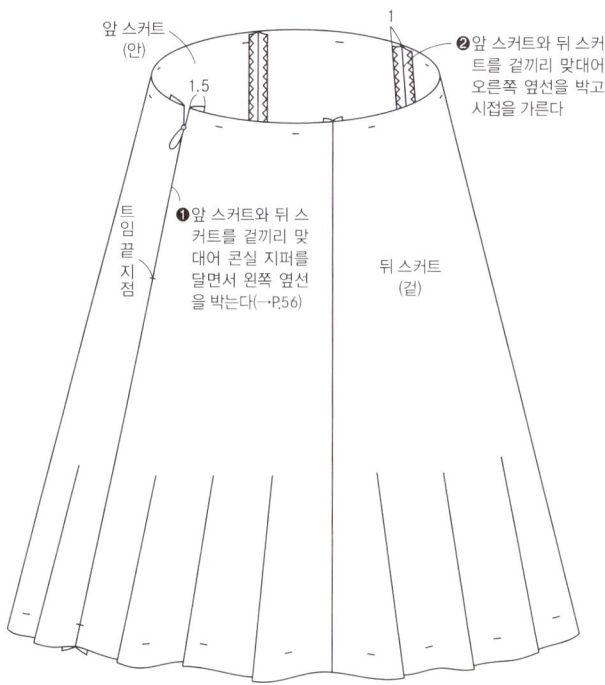

앞 스커트
(안)

1

❷앞 스커트와 뒤 스커
트를 겉끼리 맞대어
오른쪽 옆선을 박고
시접을 가른다

1.5

트
임
끝
지
점

❶앞 스커트와 뒤 스
커트를 겉끼리 맞
대어 콘실 지퍼를
달면서 왼쪽 옆선
을 박는다(→P.56)

뒤 스커트
(겉)

3 허리벨트를 단다

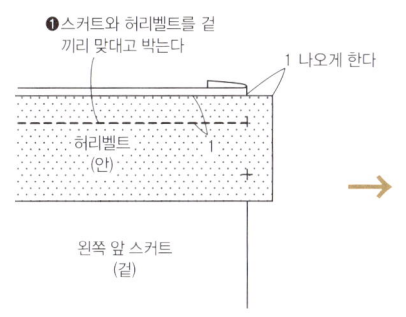

❶스커트와 허리벨트를 겉
끼리 맞대고 박는다

1 나오게 한다

허리벨트
(안)

1

왼쪽 앞 스커트
(겉)

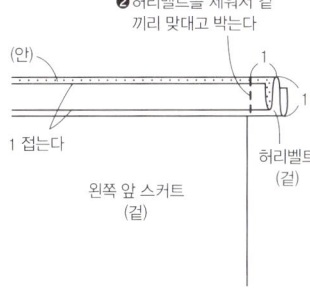

❷허리벨트를 세워서 겉
끼리 맞대고 박는다

1

(안)

1 접는다

허리벨트
(겉)

왼쪽 앞 스커트
(겉)

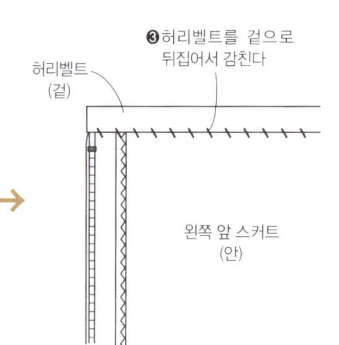

❸허리벨트를 겉으로
뒤집어서 감친다

허리벨트
(겉)

왼쪽 앞 스커트
(안)

4 밑단을 두 번 접어서 박는다

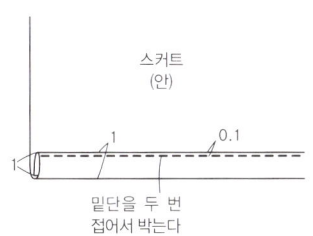

스커트
(안)

1

0.1

1

밑단을 두 번
접어서 박는다

5 걸고리를 단다

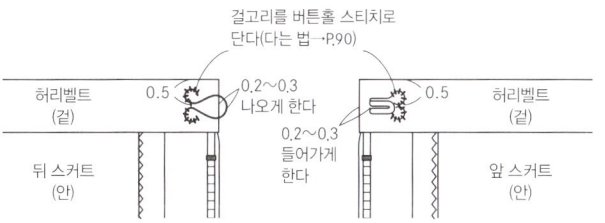

걸고리를 버튼홀 스티치로
단다(다는 법→P.90)

허리벨트
(겉)

0.5

0.2~0.3
나오게 한다

0.2~0.3
들어가게
한다

0.5

허리벨트
(겉)

뒤 스커트
(안)

앞 스커트
(안)

플랩 포켓 스커트···작품 P.20

실물 크기 패턴
앞 스커트·뒤 스커트···【C】 사이드 절개 앞뒤 스커트
옆 스커트···【C】 사이드 절개 옆 스커트
※스커트 길이를 5cm 늘여서 사용한다.
허리벨트···【C】〈스커트·허리벨트〉 벨트 타입 / 사이드
절개
※허리벨트 폭을 3cm에서 4cm로 바꿔서 사용한다.
플랩···【C】 플랩 파이핑 포켓·플랩
입술감···【C】 플랩 파이핑 포켓·입술감
주머닛감···【C】 플랩 파이핑 포켓·주머닛감

※ 왼쪽 또는 위부터 7 / 9 / 11 / 13 / 15호 사이즈

재료
소프트 치노클로스···폭 110cm×170 / 180 / 190 /
190 / 190cm
큐프라···40cm×30cm
접착심···30cm×90cm
늘어남 방지 테이프···폭 1.5cm×23.5cm×2줄
지퍼···길이 20cm×1개
단추(플랩용)···지름 2.3cm×2개
단추(허리용)···지름 1.8cm×1개
※30번 재봉실···취향에 따라 스티치

완성 치수
허리둘레···64 / 68 / 72 / 77 / 82cm
스커트 길이···63 / 65 / 67 / 67 / 67cm

재단 배치도

소프트 치노클로스   ※패턴보다 스커트 길이를 5cm 늘인다.

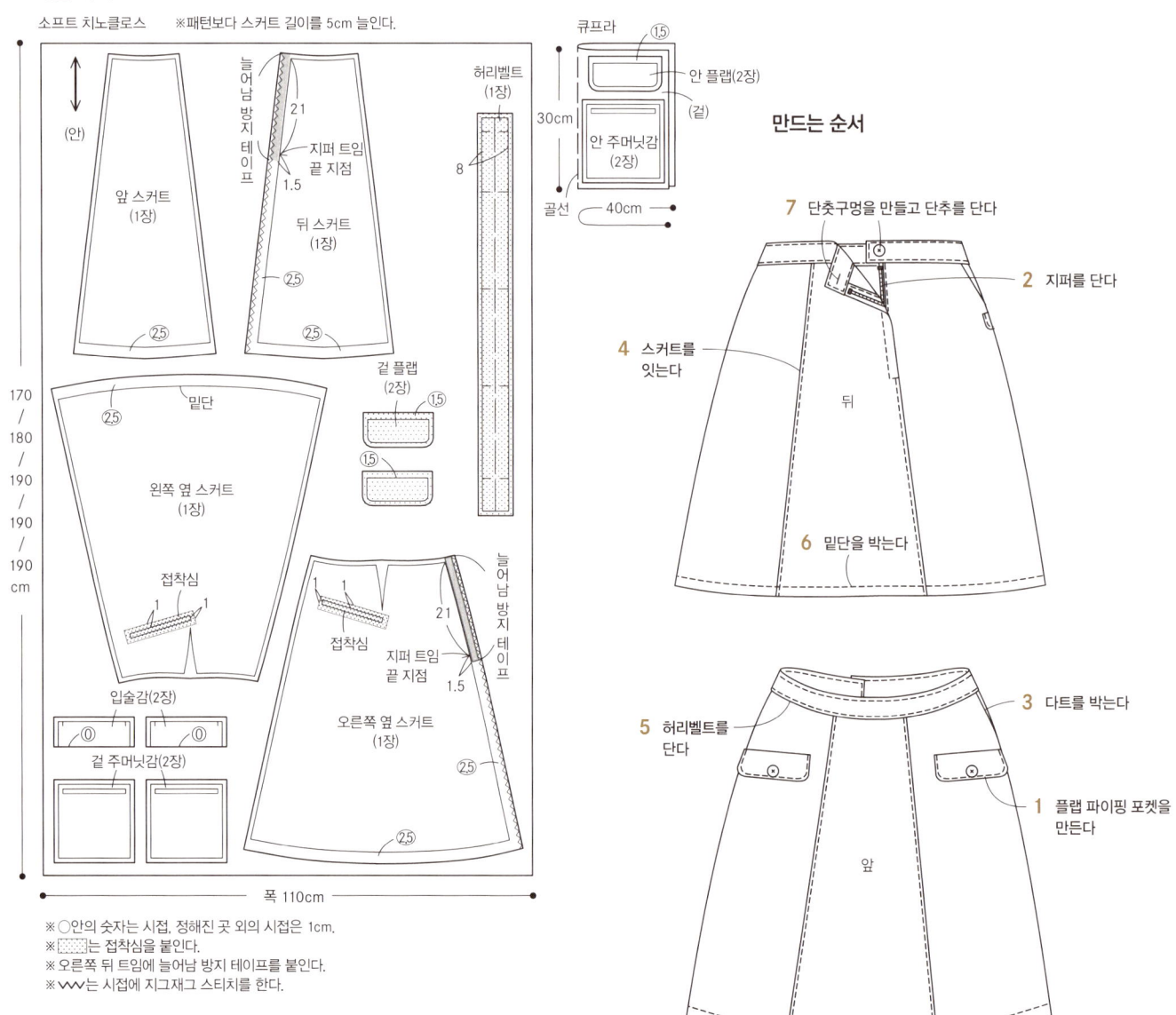

만드는 순서

7 단춧구멍을 만들고 단추를 단다
2 지퍼를 단다
4 스커트를 잇는다
6 밑단을 박는다
뒤

3 다트를 박는다
5 허리벨트를 단다
1 플랩 파이핑 포켓을 만든다
앞

※○안의 숫자는 시접, 정해진 곳 외의 시접은 1cm.
※▨는 접착심을 붙인다.
※오른쪽 뒤 트임에 늘어남 방지 테이프를 붙인다.
※〰는 시접에 지그재그 스티치를 한다.

1 플랩 파이핑 포켓을 만든다

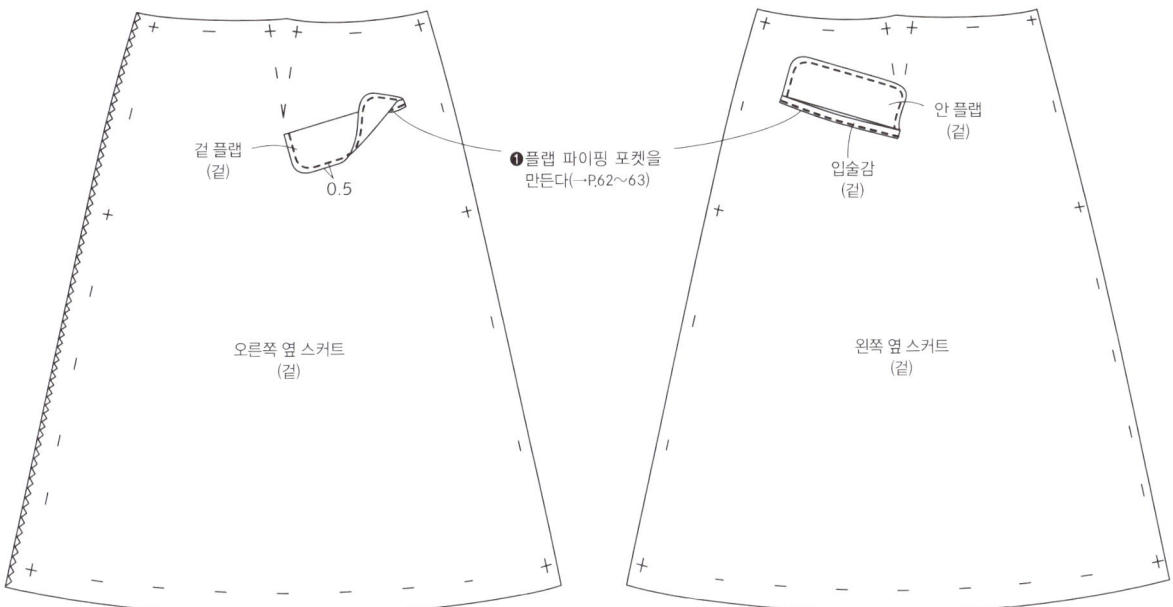

겉 플랩
(겉)

0.5

❶ 플랩 파이핑 포켓을
만든다(→P.62~63)

안 플랩
(겉)

입술감
(겉)

오른쪽 옆 스커트
(겉)

왼쪽 옆 스커트
(겉)

2 지퍼를 단다

❶ 뒤 스커트와 오
른쪽 옆 스커트
를 겉끼리 맞대
고 지퍼 트임 끝
지점까지 큰 땀
으로 박는다

2.5

지퍼 트임
끝 지점

되돌아박기

뒤 스커트
(안)

2.5

❷ 지퍼 트임 끝 지
점부터 밑단까
지 박는다

오른쪽 옆 스커트
(겉)

❹ 오른쪽 옆 스
커트의 겹치
는 부분을 나
오게 접는다

0.5

❸ 시접을
가른다

오른쪽 옆 스커트
(겉)

지퍼 트임
끝 지점

뒤 스커트
(안)

❺ 지퍼를 박는다
※ 외발 노루발을 사용한다.

0.5

지퍼
(겉)

뒤 스커트
(안)

오른쪽 옆 스커트
(겉)

지퍼 트임
끝 지점

❼ 큰 땀으로 박은
실을 푼다

2

뒤 스커트
(겉)

오른쪽 옆 스커트
(겉)

되돌아박기

지퍼 트임
끝 지점

❻ 뒤 스커트를 겉으로 뒤집
어서 스티치한다
※ 외발 노루발을 사용한다.

3 다트를 박는다

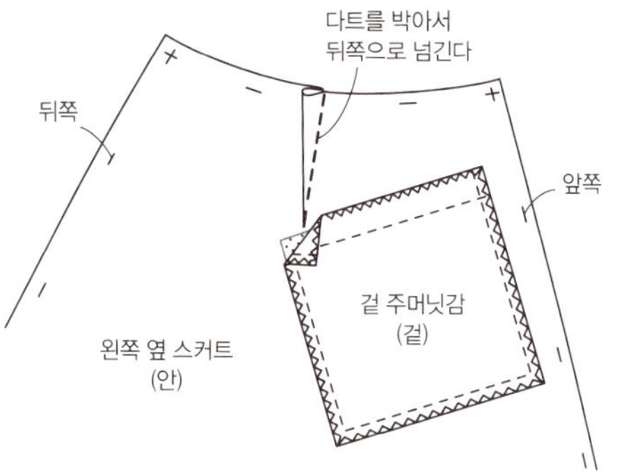

다트를 박아서
뒤쪽으로 넘긴다

뒤쪽

앞쪽

겉 주머닛감
(겉)

왼쪽 옆 스커트
(안)

※오른쪽 옆 스커트도 같은 방법으로 박는다.

4 스커트를 잇는다

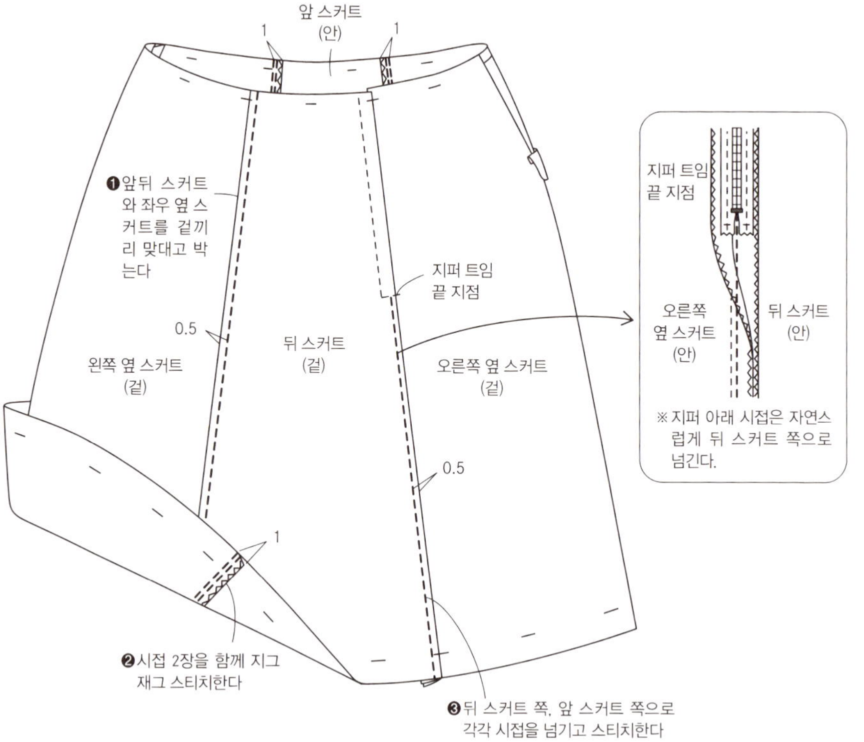

앞 스커트
(안)

❶앞뒤 스커트
와 좌우 옆 스
커트를 겉끼
리 맞대고 박
는다

왼쪽 옆 스커트
(겉)

뒤 스커트
(겉)

지퍼 트임
끝 지점

오른쪽 옆 스커트
(겉)

0.5

0.5

1

❷시접 2장을 함께 지그
재그 스티치한다

❸뒤 스커트 쪽, 앞 스커트 쪽으로
각각 시접을 넘기고 스티치한다

지퍼 트임
끝 지점

오른쪽
옆 스커트
(안)

뒤 스커트
(안)

※지퍼 아래 시접은 자연스
럽게 뒤 스커트 쪽으로
넘긴다.

5 허리벨트를 단다

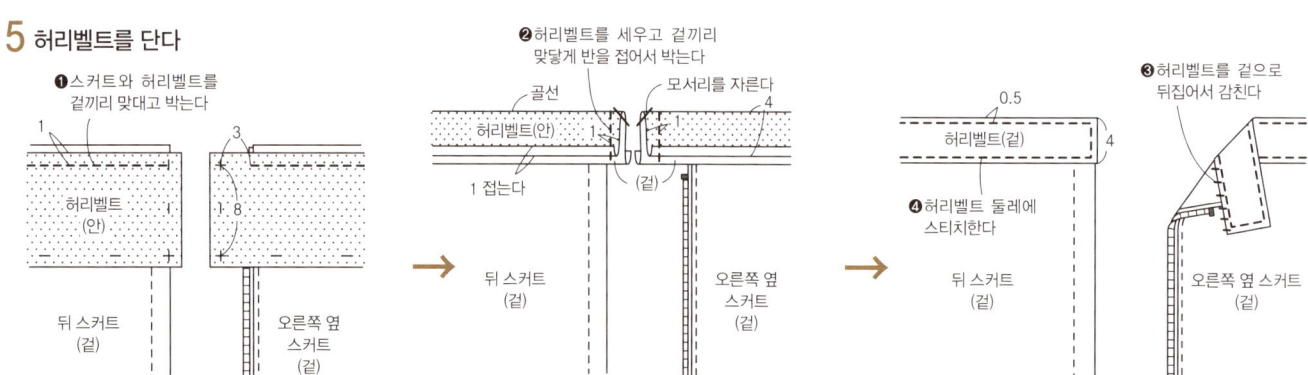

❶스커트와 허리벨트를
겉끼리 맞대고 박는다

1

3

허리벨트
(안)

1.8

뒤 스커트
(겉)

오른쪽 옆
스커트
(겉)

❷허리벨트를 세우고 겉끼리
맞닿게 반을 접어서 박는다

골선

허리벨트(안)

모서리를 자른다

4

1

1 접는다

(겉)

뒤 스커트
(겉)

오른쪽 옆
스커트
(겉)

→

0.5

허리벨트(겉)

4

❹허리벨트 둘레에
스티치한다

뒤 스커트
(겉)

→

❸허리벨트를 겉으로
뒤집어서 감친다

오른쪽 옆 스커트
(겉)

6 밑단을 박는다

스커트
(안)

❶지그재그 스티치한다

2.5

0.5

❷밑단을 한 번 접어서 박는다

7 단춧구멍을 만들고 단추를 단다

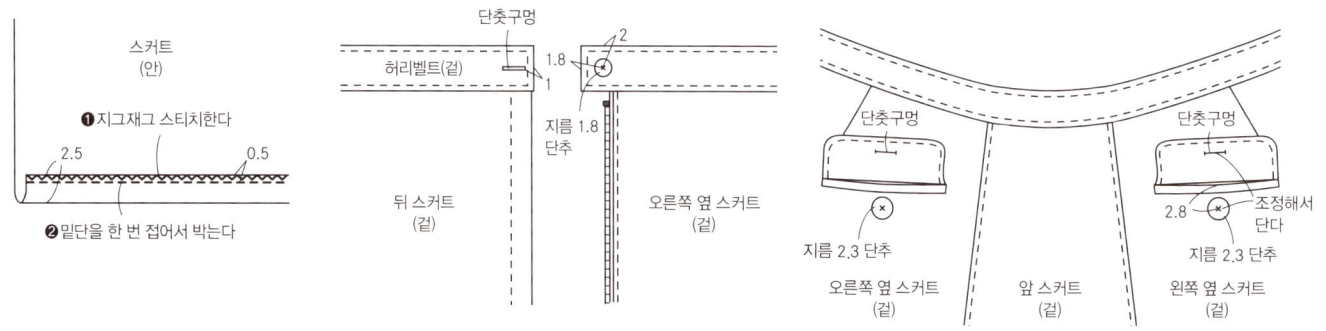

단춧구멍

허리벨트(겉)

1.8

1

뒤 스커트
(겉)

2

지름 1.8
단추

오른쪽 옆 스커트
(겉)

단춧구멍

단춧구멍

2.8

조정해서
단다

지름 2.3 단추

오른쪽 옆 스커트
(겉)

앞 스커트
(겉)

지름 2.3 단추

왼쪽 옆 스커트
(겉)

리본 단 와이드 팬츠 ···작품 P.23

※ 왼쪽 또는 위부터 7 / 9 / 11 / 13 / 15호 사이즈

실물 크기 패턴

앞 팬츠···【E】앞 팬츠 기본과【F】리본 단 와이드 팬츠·
앞 팬츠를 ⑵에서 맞붙인다

뒤 팬츠···【D】뒤 팬츠 기본과【F】리본 단 와이드 팬
츠·뒤 팬츠를 ⑶에서 맞붙인다

밑덧단···【F】리본 단 와이드 팬츠·밑덧단

앞 안단···【F】리본 단 와이드 팬츠·앞 안단

주머닛감···【F】리본 단 와이드 팬츠·주머닛감

주머니 밑판···【F】리본 단 와이드 팬츠·주머니 밑판

앞·뒤 허리 안단···【F】리본 단 와이드 팬츠·앞 팬츠·
뒤 팬츠의 안단 위치에서 각각 만든다

뒷주머니·리본·고리···패턴 없음·재단 배치도 참조

재료

리넨···폭 140cm×230 / 235 / 240 / 240 / 240cm
코튼···80cm×35cm
접착심···90cm×40cm
늘어남 방지 테이프···폭 1cm×28cm×2줄
늘어남 방지 테이프···폭 1cm×16cm×2줄
지퍼···길이 20cm×1개
단추···지름 2cm×1개

완성 치수

허리둘레···64 / 68 / 72 / 77 / 82cm
팬츠 길이···90 / 92 / 94 / 94 / 94cm

재단 배치도

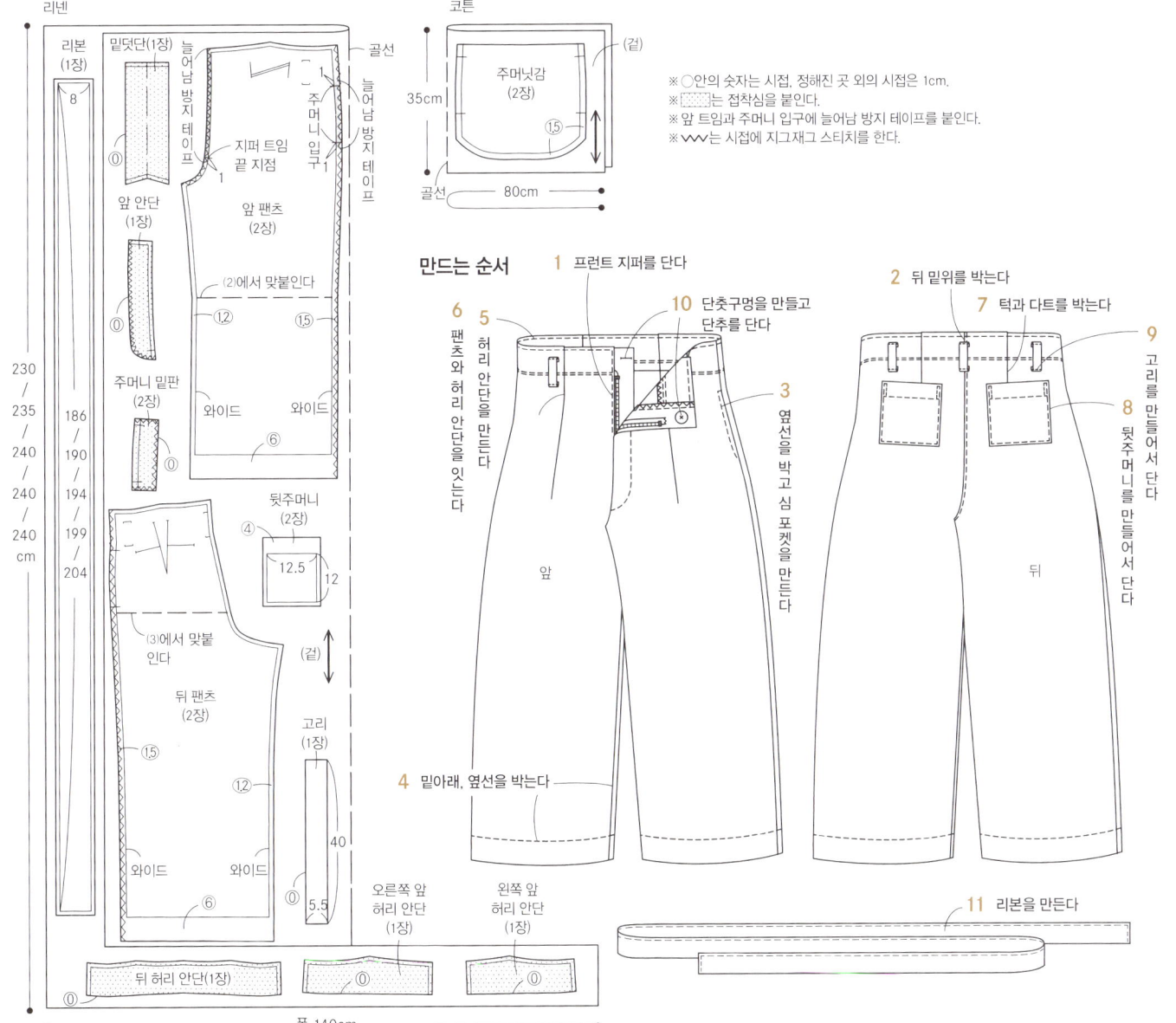

※ ○안의 숫자는 시접, 정해진 곳 외의 시접은 1cm.
※ ▨는 접착심을 붙인다.
※ 앞 트임과 주머니 입구에 늘어남 방지 테이프를 붙인다.
※ ∿는 시접에 지그재그 스티치를 한다.

만드는 순서

1 프런트 지퍼를 단다
2 뒤 밑위를 박는다
3 옆선을 박고 심 포켓을 만든다
4 밑아래, 옆선을 박는다
5 허리 안단을 만든다
6 팬츠와 허리 안단을 잇는다
7 턱과 다트를 박는다
8 뒷주머니를 만들어서 단다
9 고리를 만들어서 단다
10 단춧구멍을 만들고 단추를 단다
11 리본을 만든다

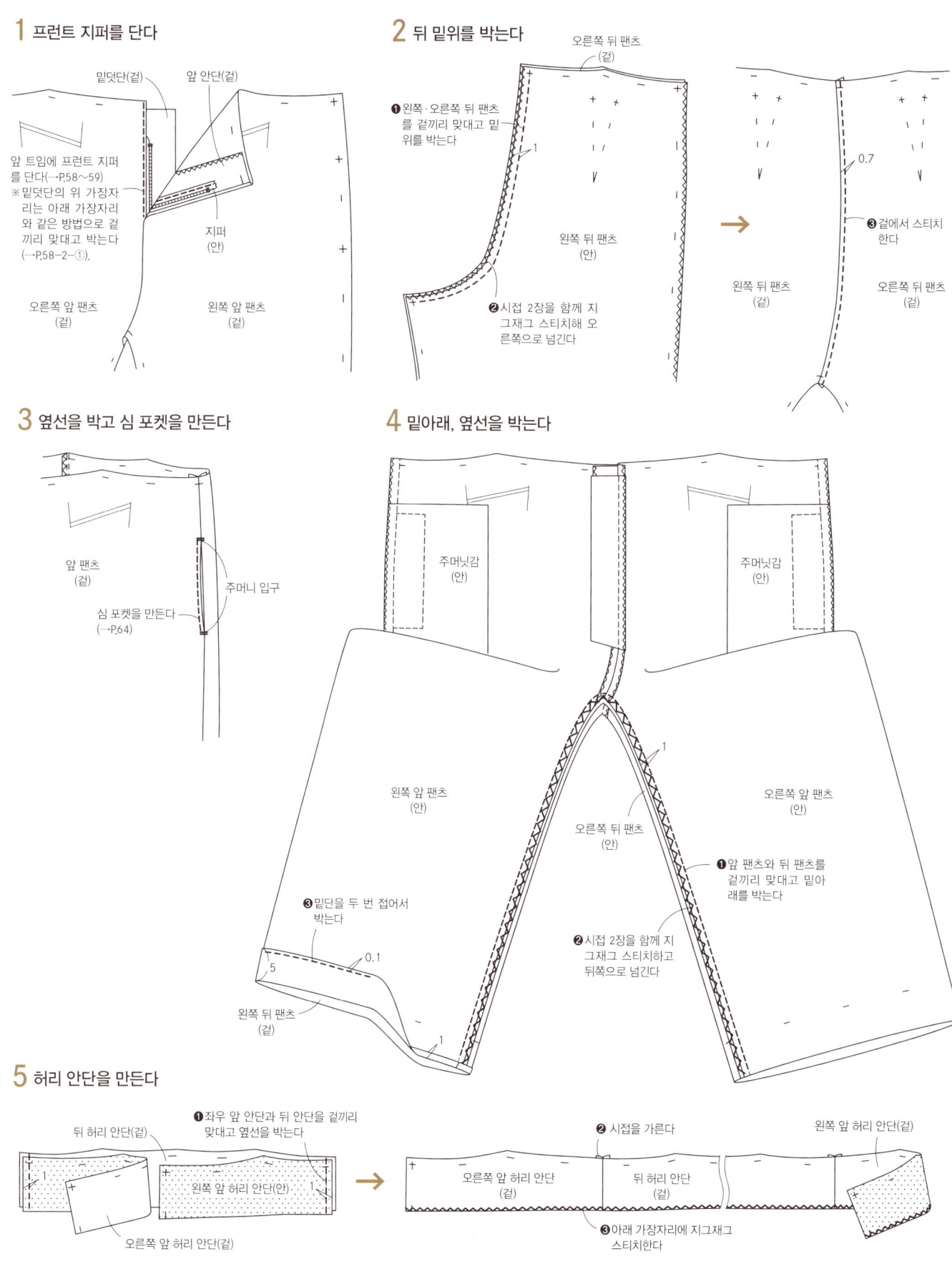

1 프런트 지퍼를 단다

밑덧단(겉)
앞 안단(겉)

앞 트임에 프런트 지퍼를 단다(→P.58~59)
※밑덧단의 위 가장자리는 아래 가장자리와 같은 방법으로 겉끼리 맞대고 박는다(→P.58-2-①).

지퍼(안)

오른쪽 앞 팬츠(겉)
왼쪽 앞 팬츠(겉)

2 뒤 밑위를 박는다

오른쪽 뒤 팬츠(겉)

❶왼쪽·오른쪽 뒤 팬츠를 겉끼리 맞대고 밑위를 박는다
1
왼쪽 뒤 팬츠(안)
❷시접 2장을 함께 지그재그 스티치해 오른쪽으로 넘긴다

0.7
❸겉에서 스티치한다
왼쪽 뒤 팬츠(겉)
오른쪽 뒤 팬츠(겉)

3 옆선을 박고 심 포켓을 만든다

앞 팬츠(겉)
심 포켓을 만든다(→P.64)
주머니 입구

4 밑아래, 옆선을 박는다

주머닛감(안)
주머닛감(안)

왼쪽 앞 팬츠(안)
오른쪽 뒤 팬츠(안)
오른쪽 앞 팬츠(안)

❶앞 팬츠와 뒤 팬츠를 겉끼리 맞대고 밑아래를 박는다
❷시접 2장을 함께 지그재그 스티치하고 뒤쪽으로 넘긴다
1

❸밑단을 두 번 접어서 박는다
5 0.1
왼쪽 뒤 팬츠(겉)
1

5 허리 안단을 만든다

뒤 허리 안단(겉)
❶좌우 앞 안단과 뒤 안단을 겉끼리 맞대고 옆선을 박는다
1
왼쪽 앞 허리 안단(안)
1
오른쪽 앞 허리 안단(겉)

❷시접을 가른다
오른쪽 앞 허리 안단(겉)
뒤 허리 안단(겉)
왼쪽 앞 허리 안단(겉)
❸아래 가장자리에 지그재그 스티치한다

6 팬츠와 허리 안단을 잇는다

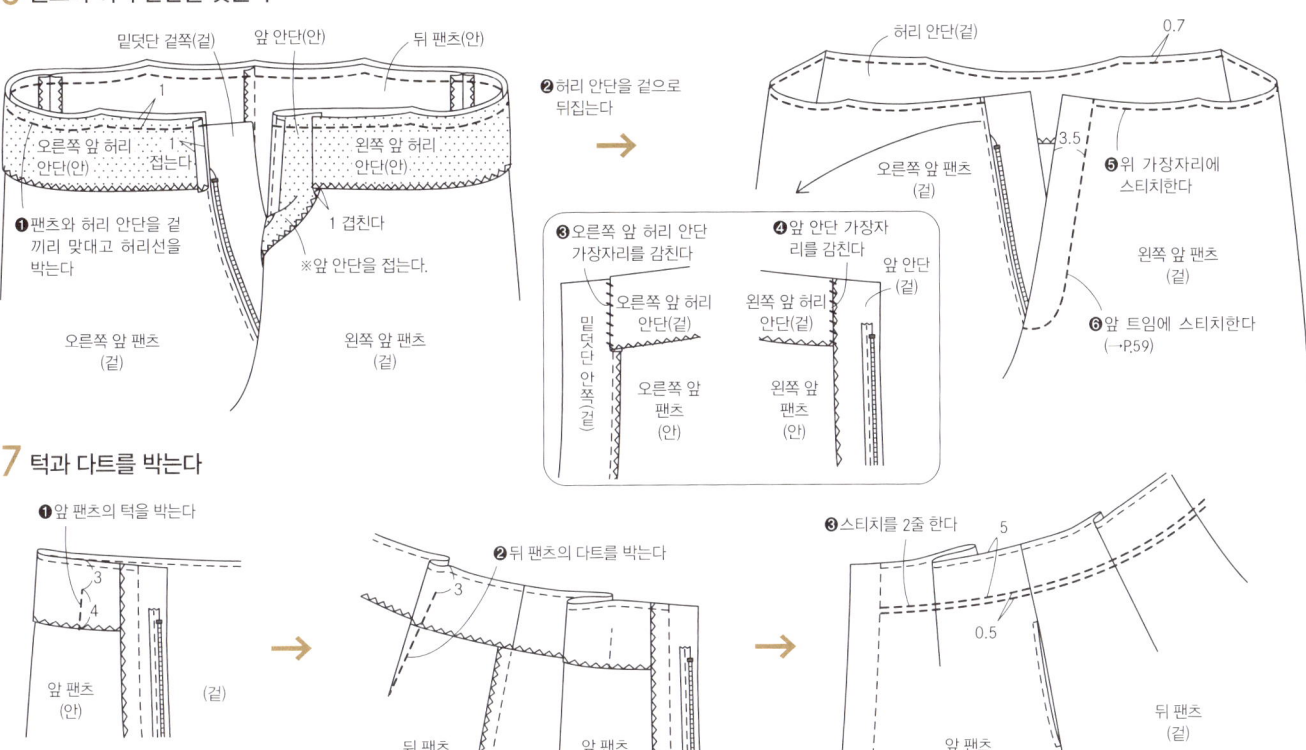

밑덧단 겉쪽(겉)   앞 안단(안)   뒤 팬츠(안)

오른쪽 앞 허리 안단(안)   1 접는다   왼쪽 앞 허리 안단(안)

❶팬츠와 허리 안단을 겉끼리 맞대고 허리선을 박는다

1 겹친다
※앞 안단을 접는다.

오른쪽 앞 팬츠 (겉)   왼쪽 앞 팬츠 (겉)

❷허리 안단을 겉으로 뒤집는다

허리 안단(겉)   0.7

오른쪽 앞 팬츠 (겉)   3.5

❺위 가장자리에 스티치한다

왼쪽 앞 팬츠 (겉)

❻앞 트임에 스티치한다 (→P.59)

❸오른쪽 앞 허리 안단 가장자리를 감친다   ❹앞 안단 가장자리를 감친다

밑덧단 안쪽(겉)   오른쪽 앞 허리 안단(겉)   오른쪽 앞 팬츠(안)   왼쪽 앞 허리 안단(겉)   왼쪽 앞 팬츠(안)   앞 안단(겉)

7 턱과 다트를 박는다

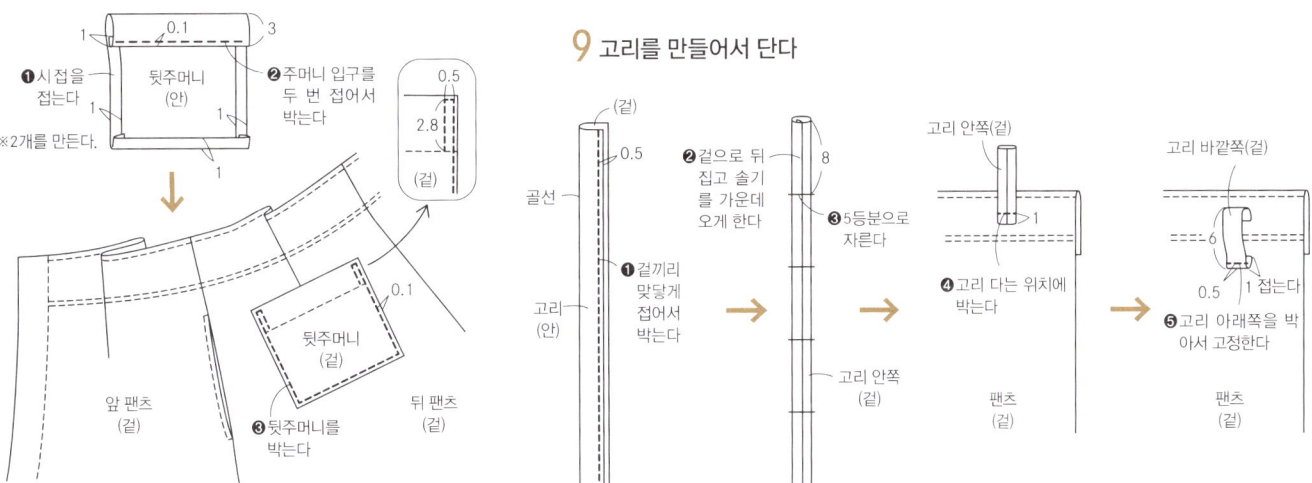

❶앞 팬츠의 턱을 박는다

3
4

앞 팬츠 (안)

❷뒤 팬츠의 다트를 박는다

3

뒤 팬츠 (안)   앞 팬츠 (안)

❸스티치를 2줄 한다   5
0.5

앞 팬츠 (겉)   뒤 팬츠 (겉)

8 뒷주머니를 만들어서 단다

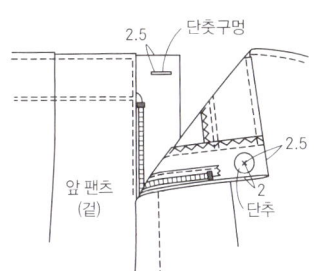

1   0.1   3

❶시접을 접는다

뒷주머니 (안)

1   1

1   1

❷주머니 입구를 두 번 접어서 박는다

0.5
2.8
(겉)

※2개를 만든다.

0.1

앞 팬츠 (겉)   뒷주머니 (겉)   뒤 팬츠 (겉)

❸뒷주머니를 박는다

9 고리를 만들어서 단다

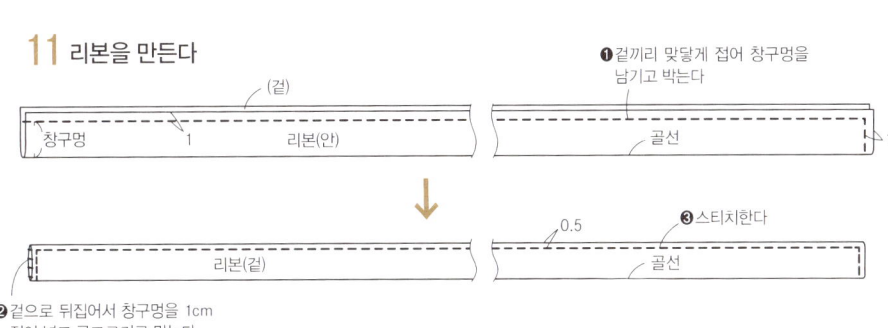

(겉)   0.5

골선

고리 (안)

❶겉끼리 맞닿게 접어서 박는다

고리 안쪽 (겉)

❷겉으로 뒤집고 솔기를 가운데 오게 한다   8

❸5등분으로 자른다

고리 안쪽(겉)   1

❹고리 다는 위치에 박는다

팬츠 (겉)

고리 바깥쪽(겉)   6

0.5   1 접는다

❺고리 아래쪽을 박아서 고정한다

팬츠 (겉)

10 단춧구멍을 만들고 단추를 단다

2.5   단춧구멍

2.5

앞 팬츠 (겉)   2   단추

11 리본을 만든다

(겉)
창구멍   1   리본(안)

❶겉끼리 맞닿게 접어 창구멍을 남기고 박는다

골선   1

❷겉으로 뒤집어서 창구멍을 1cm 접어 넣고 공그르기로 막는다

0.5   ❸스티치한다
리본(겉)   골선

고무밴드 플레어 팬츠···작품 P.21

실물 크기 패턴
앞 팬츠···【F】 플레어 앞 팬츠와 【F】 플레어 앞 팬츠·고무밴드(앞 벨트·뒤 고무밴드용 포함)를 맞붙인다(→P.83)
뒤 팬츠···【E】 플레어 뒤 팬츠·고무밴드
※허리선을 3cm 늘여서 사용한다.

재료
월츠 트윌···폭 144cm×220 / 220 / 230 / 230 / 230cm
고무밴드···폭 1cm×64 / 68 / 72 / 77 / 82cm×2줄
※고무밴드는 허리둘레 치수에 맞춰서 조정한다.

완성 치수
허리둘레···62 / 66 / 70 / 75 / 80cm
팬츠 길이···90 / 92 / 94 / 94 / 94cm

※ 왼쪽 또는 위부터 7 / 9 / 11 / 13 / 15호 사이즈

재단 배치도 ※패턴보다 허리선을 3cm 늘인다.

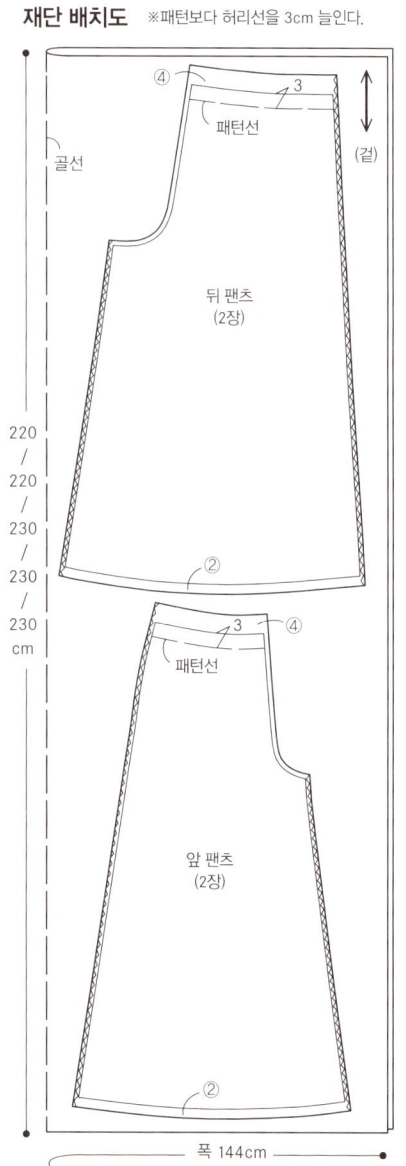

④
③
패턴선
(겉)
골선
뒤 팬츠
(2장)
②
220 / 220 / 230 / 230 / 230 cm
패턴선
③ ④
앞 팬츠
(2장)
②
폭 144cm

※○안의 숫자는 시접, 정해진 곳 외의 시접은 1cm.
※〰는 시접에 지그재그 스티치를 한다.

만드는 순서

4 허리선을 박는다
6 허리에 고무밴드를 끼운다

3 밑위를 박는다

1 옆선을 박는다

2 밑아래를 박는다

5 밑단을 박는다

1 옆선을 박는다

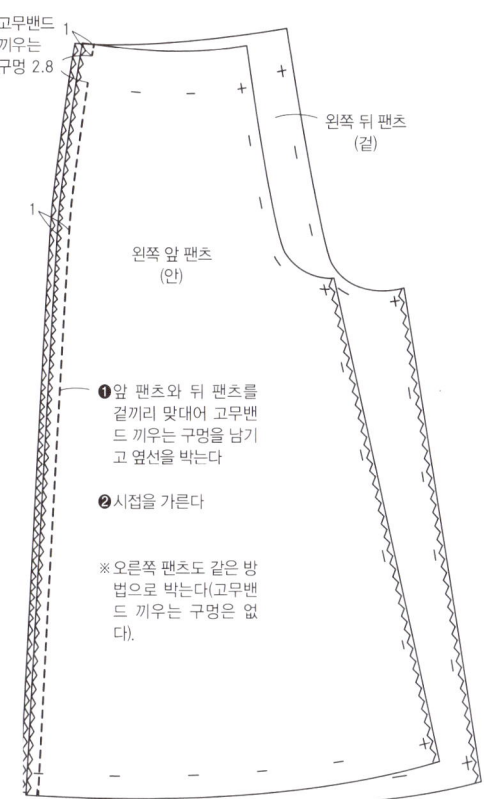

고무밴드
끼우는
구멍 2.8

왼쪽 뒤 팬츠
(겉)

왼쪽 앞 팬츠
(안)

❶ 앞 팬츠와 뒤 팬츠를
겉끼리 맞대어 고무밴
드 끼우는 구멍을 남기
고 옆선을 박는다

❷ 시접을 가른다

※ 오른쪽 팬츠도 같은 방
법으로 박는다(고무밴
드 끼우는 구멍은 없
다).

2 밑아래를 박는다

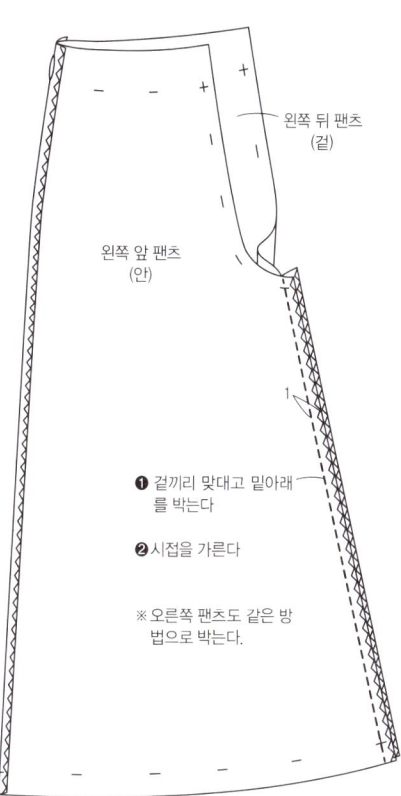

왼쪽 뒤 팬츠
(겉)

왼쪽 앞 팬츠
(안)

❶ 겉끼리 맞대고 밑아래
를 박는다

❷ 시접을 가른다

※ 오른쪽 팬츠도 같은 방
법으로 박는다.

3 밑위를 박는다

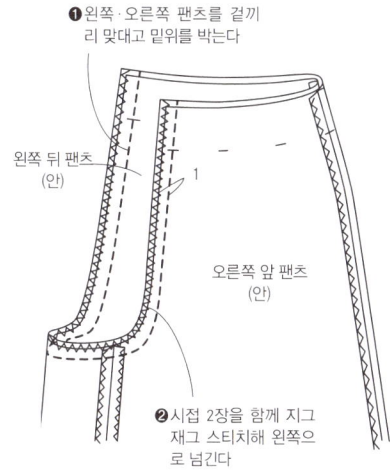

❶ 왼쪽·오른쪽 팬츠를 겉끼
리 맞대고 밑위를 박는다

왼쪽 뒤 팬츠
(안)

오른쪽 앞 팬츠
(안)

❷ 시접 2장을 함께 지그
재그 스티치해 왼쪽으
로 넘긴다

4 허리선을 박는다

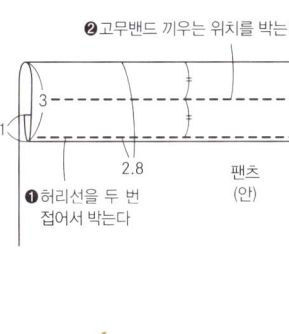

❷ 고무밴드 끼우는 위치를 박는다

3

1

2.8

팬츠
(안)

❶ 허리선을 두 번
접어서 박는다

5 밑단을 박는다

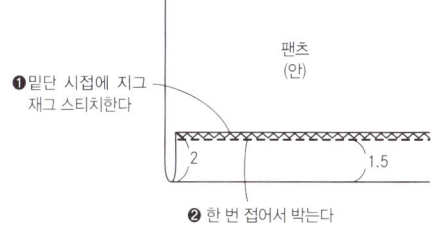

팬츠
(안)

❶ 밑단 시접에 지그
재그 스티치한다

2   1.5

❷ 한 번 접어서 박는다

6 허리에 고무밴드를 끼운다

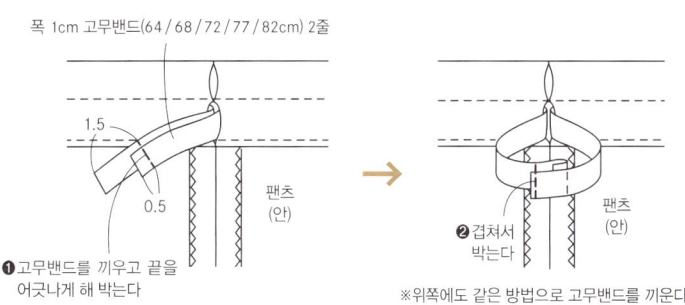

폭 1cm 고무밴드(64 / 68 / 72 / 77 / 82cm) 2줄

1.5

0.5

팬츠
(안)

❶ 고무밴드를 끼우고 끝을
어긋나게 해 박는다

팬츠
(안)

❷ 겹쳐서
박는다

※ 위쪽에도 같은 방법으로 고무밴드를 끼운다.

슬릿 넣은 슬림 팬츠···작품 P.22

실물 크기 패턴

앞 팬츠···【E】앞 팬츠 기본과【E】앞 팬츠·다트 없음을
맞붙인다(→P.75)
뒤 팬츠···【D】뒤 팬츠 기본과【D】뒤 팬츠·고무밴드를
맞붙인다(→P.75)
※팬츠 길이를 6.5cm 줄여서 사용한다.
허리벨트···【F】〈팬츠·허리벨트〉앞 벨트·뒤 고무밴드
(턱 이외), 전체 고무밴드
주머닛감···【E】슬릿 넣은 슬림 팬츠·주머닛감
주머니 밑판···【E】슬릿 넣은 슬림 팬츠·주머니 밑판

재료

기모 울 폴리에스테르···폭 142cm×190 / 190 / 200 /
200 / 200cm
큐프라···폭 110cm×30cm
접착심···25cm×120cm
늘어남 방지 테이프···폭 1cm×18cm×2줄
고무밴드···폭 2.5cm×26 / 28 / 30 / 32.5 / 35cm
※고무밴드는 허리둘레 치수에 맞춰서 조정한다.

완성 치수

허리둘레···63 / 67 / 71 / 76 / 81cm
팬츠 길이···83.5 / 85.5 / 87.5 / 87.5 / 87.5cm

※ 왼쪽 또는 위부터 7 / 9 / 11 / 13 / 15호 사이즈

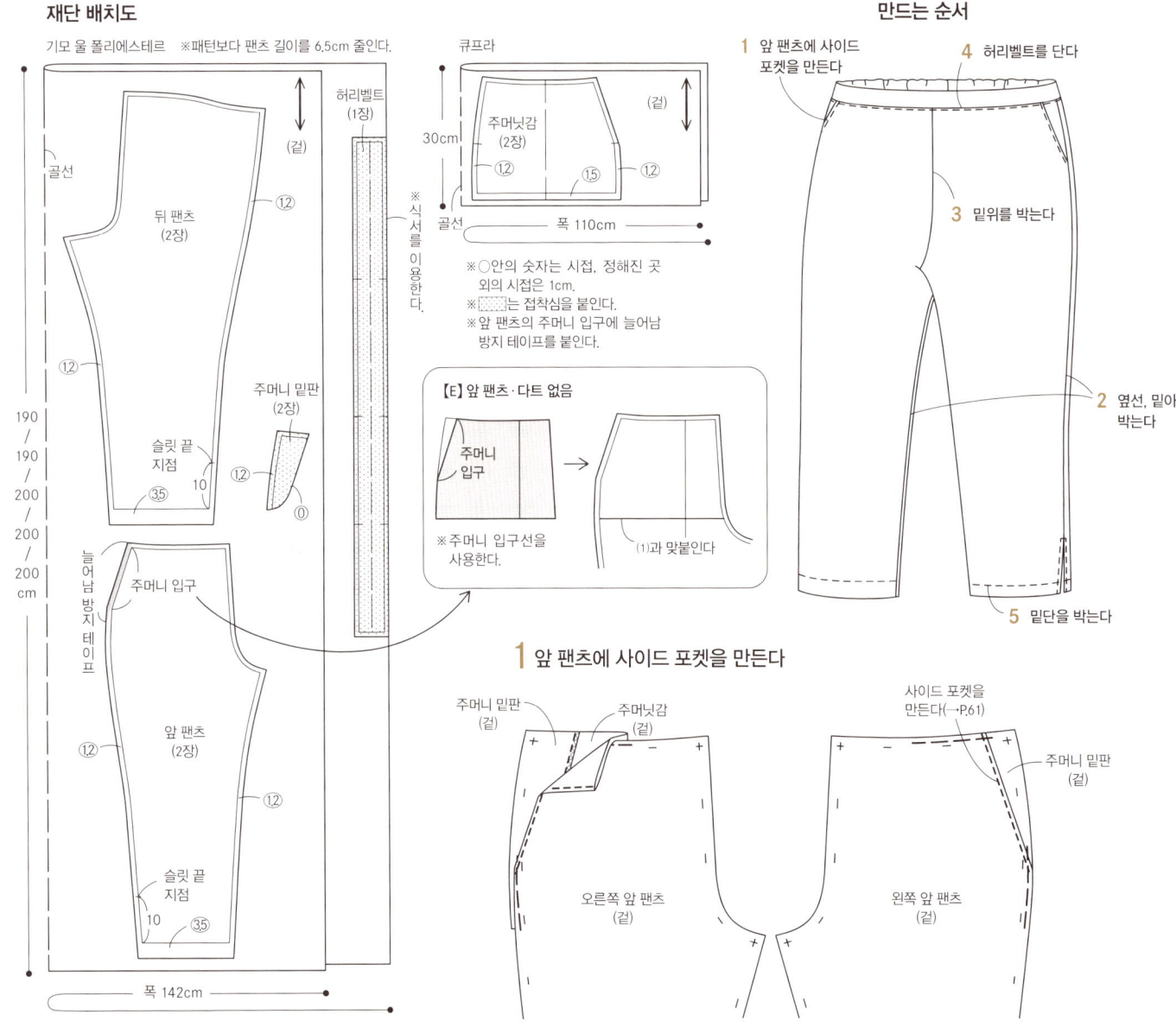

재단 배치도

기모 울 폴리에스테르 ※패턴보다 팬츠 길이를 6.5cm 줄인다.

골선
뒤 팬츠
(2장)
⑫
⑫
190 / 190 / 200 / 200 / 200 cm
늘어남 방지 테이프
슬릿 끝 지점
㉟ 10
앞 팬츠
(2장)
주머니 입구
⑫
⑫
슬릿 끝 지점
10 ㉟
폭 142cm

허리벨트
(1장)
※식서를 이용한다.

주머니 밑판
(2장)
⑫
⓪

(겉)

큐프라

주머닛감
(2장)
⑫ ⑮ ⑫
30cm
골선
폭 110cm
(겉)

※○안의 숫자는 시접, 정해진 곳
외의 시접은 1cm.
※▦는 접착심을 붙인다.
※앞 팬츠의 주머니 입구에 늘어남
방지 테이프를 붙인다.

【E】앞 팬츠·다트 없음
주머니 입구 → (1)과 맞붙인다
※주머니 입구선을
사용한다.

만드는 순서

1 앞 팬츠에 사이드 포켓을 만든다
4 허리벨트를 단다
3 밑위를 박는다
2 옆선, 밑아래를 박는다
5 밑단을 박는다

1 앞 팬츠에 사이드 포켓을 만든다

주머니 밑판
(겉)
주머닛감
(겉)
사이드 포켓을
만든다(→P.61)
주머니 밑판
(겉)

오른쪽 앞 팬츠
(겉)
왼쪽 앞 팬츠
(겉)

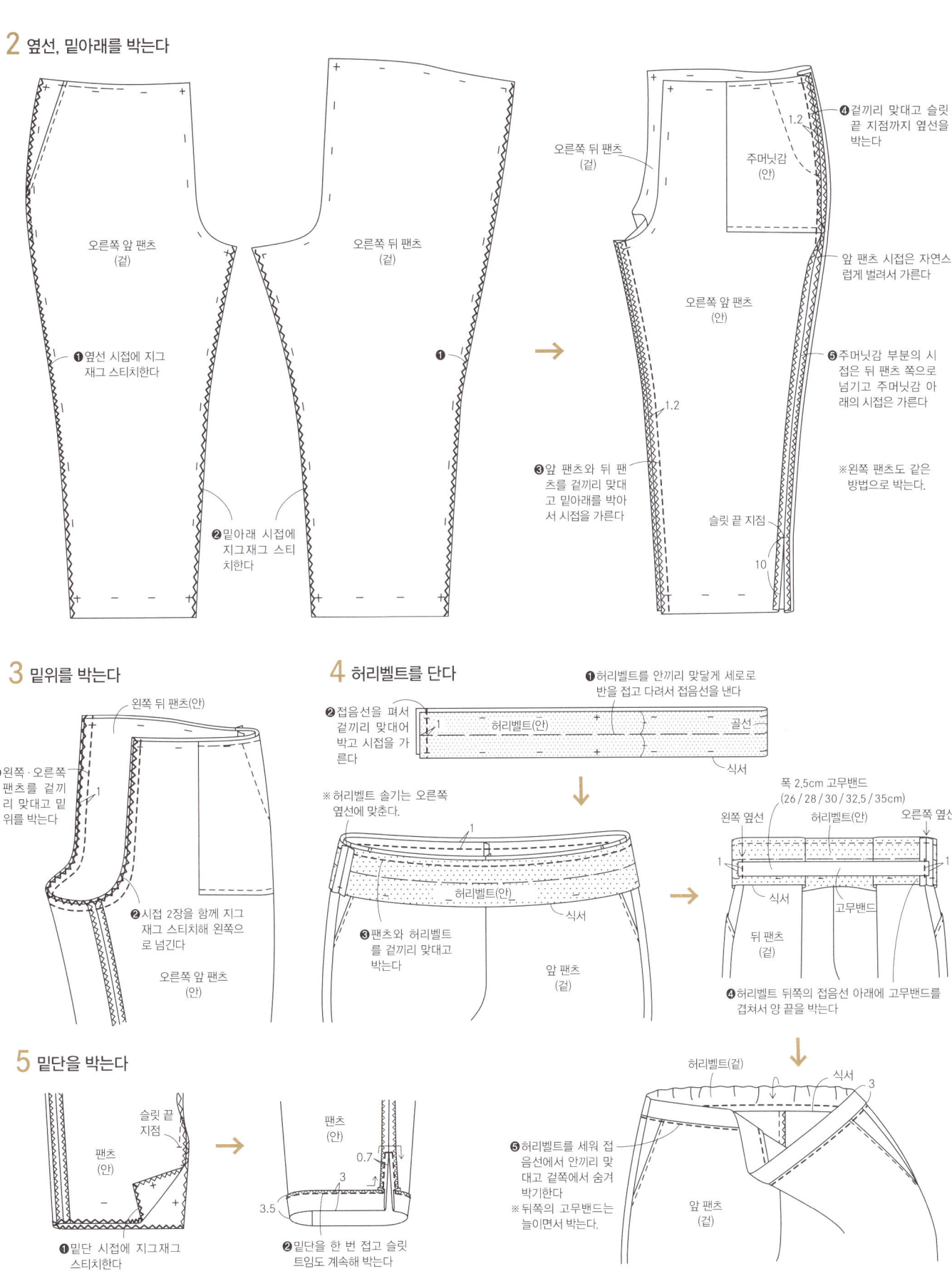

2 옆선, 밑아래를 박는다

오른쪽 앞 팬츠
(겉)

오른쪽 뒤 팬츠
(겉)

❶옆선 시접에 지그
재그 스티치한다

❶

❷밑아래 시접에
지그재그 스티
치한다

오른쪽 뒤 팬츠
(겉)

주머닛감
(안)

❹겉끼리 맞대고 슬릿
끝 지점까지 옆선을
박는다

1.2

오른쪽 앞 팬츠
(안)

앞 팬츠 시접은 자연스
럽게 벌려서 가른다

❺주머닛감 부분의 시
접은 뒤 팬츠 쪽으로
넘기고 주머닛감 아
래의 시접은 가른다

1.2

❸앞 팬츠와 뒤 팬
츠를 겉끼리 맞대
고 밑아래를 박아
서 시접을 가른다

슬릿 끝 지점

10

※왼쪽 팬츠도 같은
방법으로 박는다.

3 밑위를 박는다

왼쪽 뒤 팬츠(안)

❶왼쪽·오른쪽
팬츠를 겉끼
리 맞대고 밑
위를 박는다

1

❷시접 2장을 함께 지그
재그 스티치해 왼쪽으
로 넘긴다

오른쪽 앞 팬츠
(안)

4 허리벨트를 단다

❶허리벨트를 안끼리 맞닿게 세로로
반을 접고 다려서 접음선을 낸다

❷접음선을 펴서
겉끼리 맞대어
박고 시접을 가
른다

1

허리벨트(안)

골선

식서

※허리벨트 솔기는 오른쪽
옆선에 맞춘다.

1

허리벨트(안)

식서

❸팬츠와 허리벨트
를 겉끼리 맞대고
박는다

앞 팬츠
(겉)

폭 2.5cm 고무밴드
(26 / 28 / 30 / 32.5 / 35cm)

왼쪽 옆선

허리벨트(안)

오른쪽 옆선

1

1

식서

고무밴드

뒤 팬츠
(겉)

❹허리벨트 뒤쪽의 접음선 아래에 고무밴드를
겹쳐서 양 끝을 박는다

허리벨트(겉)

식서

3

❺허리벨트를 세워 접
음선에서 안끼리 맞
대고 겉쪽에서 숨겨
박기한다
※뒤쪽의 고무밴드는
늘이면서 박는다.

앞 팬츠
(겉)

5 밑단을 박는다

슬릿 끝
지점

팬츠
(안)

팬츠
(안)

0.7

3

3.5

❶밑단 시접에 지그재그
스티치한다

❷밑단을 한 번 접고 슬릿
트임도 계속해 박는다

스커트 & 팬츠 기본 패턴집

1판 1쇄 발행 2023년 3월 13일
1판 2쇄 발행 2024년 7월 19일

지은이 노기 요코
옮긴이 남궁가윤
펴낸이 김기옥

실용본부장 박재성
편집 실용2팀 이나리, 장윤선
마케터 이지수
지원 고광현, 김형식

디자인 푸른나무디자인
인쇄·제본 민언프린텍

펴낸곳 한스미디어(한즈미디어(주))
주소 121-839 서울시 마포구 양화로 11길 13(서교동, 강원빌딩 5층)
전화 02-707-0337 | **팩스** 02-707-0198 | **홈페이지** www.hansmedia.com
출판신고번호 제 313-2003-227호 | **신고일자** 2003년 6월 25일

ISBN 979-11-6007-904-3 13590

책값은 뒤표지에 있습니다.
잘못 만들어진 책은 구입하신 서점에서 교환해드립니다.